위기에 강한

협·동·조·합

– 원칙과 과제 –

위기에 강한

협·동·조·합

원칙과 과제

백승우 · 김수현

전북대학교
출판문화원

"너도 자본이 노동자를 억압한다는 것을 알고 있지. 우리나라의 노동자와 농민은 노동의 모든 짐을 짊어진 채, 아무리 일해도 자기들이 기르는 가축보다 나을 게 없는 생활을 하고 있어, 그들의 노동에서 발생하는 모든 이윤은 그들이 자신의 처지를 개선하고 여가를 만들어 교육을 받는 데 사용되어야 해…그런 사회가 만들어졌어…그래서 우리가 금속 협동조합을 만들려고 하는 거야…"[1]

– 톨스토이의 「안나 카레니나」 중에서

들어가면서

왜 지금 협동조합에 대한 관심이 높아지고 있는가?

2018년 5월 30일 현재 우리나라에 등록된 협동조합 수는 13,360개소로 집계되었다. 그 중 일반협동조합은 12,325개소(92.3%), 사회적 협동조합 970개소(7.2%), 일반협동조합 연합회 57개소(0.4%), 사회적협동조합 연합회 8개(0.1%)가 등록을 했다.[2] 지역별로 서울(2,956)이 가장 많고, 경기도(2,094), 전라북도(838), 광주광역시(695) 순으로 나타났다. 2012년 12월 협동조합 기본법이 시행된 이후 5년만에 우리나라는 협동조합의 부흥기를 맞이하고 있는 것이다. 기존 특별법[3]에 의해 설립된 협동조합이 수십 년 동안 활동하고 있었음에도 사회적으로 큰 관심을 끌지는 못했던 것과는 대조적이다. 설립 현황만 살펴보아도 최근 우리나라에서 협동조합에 대한 관심이 높아진 것을 알 수 있다.

그러면 협동조합에 대한 관심이 갑자기 높아진 이유는 어디에 있을까? 단순히 협동조합 기본법이 만들어졌기 때문에 이렇게 협동조합 설립이 많아진 것일까? 협동조합 기본법이 갑자기 제정된 이유는 무엇일까?

법이 시행되고 1년 후인 2013년 12월 3,003개의 협동조합이 등록되더니 다시 1년 후인 2014년 12월에 6,251개소가 설립되는 등 연간 3천 곳 이상의 협동조합이 설립되고 있다. 이 정도의 수준이면 '협동조합 유행'이라고 할 수 있지 않은가?

단순히 비즈니스를 위해서라면 혼자서 사업체를 만들거나, 일반적인 형태인 주식회사를 만드는 것이 더 쉬울 수 있다. 보편적인 방법이 있는데도 불구하고 번거롭게 협동조합을 설립하는 이유는 무엇인가?

이러한 물음에 답하기 위해, 자본주의 위기 속에 찾아온 협동조합, 그 가치와 실천 과제를 함께 찾아보려 한다.

갈등으로 시작된 협동조합

지금 우리가 만나는 협동조합은 18세기 중엽 영국, 프랑스 등 서유럽에서부터 본격적으로 시작되었다. 따라서 최근 우리나라 협동조합 유행의 출발점은 협동조합이 막 자리를 잡던 유럽의 당시 상황과 한국의 상황을 비교해 보면 해답의 실마리를 찾을 수 있을 것이다.

흔히 '장발장'으로 알려진 프랑스의 작가 빅토르 위고 장편소설 '레미제라블'이 1845년에서 1862년에 걸쳐 완성되었으니, 소설 속에서 묘사되는 풍경이 곧 협동조합이 막 시작하던 당시의 모습일 것이다. 소설에는 많은 사람들이 넓은 섬유공장에서 일하고, 거리에는 빈민들이 넘쳐나고, 젊은이들이 민주정을 외치면서 거리에 나서는 장면들이 생생하게 묘사되어 있다. 당시 유럽은 산업혁명과 함께 자본주의가 태동하던 시기로 경제적인 해방을 갈구하던 시기였다. 유럽전역으로 확산된 산업혁명과 함께 초기 '자본주의'라는 체제는 많은 문제점을 드러내고 있었다. 산업혁명으로 인해서 노동과 자본의 생산력은 크게 확대되었으나, 노동자들은 오히려 열악한 환경과 고된 노동으로 내몰리고 있었다.

우리가 잘 알고 있는 자본론의 저자 칼 마르크스는 노동자가 기계의 부속품이 되어 버렸다고 표현했다. 기계가 광범위하게 사용되고, 이로 인해 노동이 분업화되면서 노동자는 점차 개성을 잃어버렸으며, 그 결과 노동자에 대한 매력도 사라졌다고 설명한다. 생산력이 증가할수록 노동자는 단순히 공장 기계에 딸린 하나의 부속품이며, 따라서 노동자

에게 요구되는 것은 가장 단순하고, 단조로운, 배우기 쉬운 기술뿐이라고 한탄했다.[4]

산업혁명으로 인해 농촌의 농업 노동자들이 도시 공장의 임금 노동자로 신분이 바뀌었을 뿐, 노동자들은 공장주의 착취 대상이며, 노동하는 도구에 불과한 상황이었다. 당시 역사는 많은 노동자들이 하루 14-16시간 이상의 고된 노동에 시달려야 했으며, 가족들이 더러운 지하실 바닥에 마른 건초 따위를 깔고 잠을 청하고, 하루라도 일하지 않으면 당장 먹을 식량이 없는 이른바 노숙자와 같은 생활을 하고 있었다고 기록하고 있다. 노동자들이 할 수 있는 일은 많지 않았다. 칼 마르크스는 이러한 노동자들의 상황을 공산당 선언에서 이렇게 서술하고 있다.

> 처음에는 개별 노동자들이, 다음에는 한 공장의 노동자들이, 그 다음에는 한 지역의 같은 산업부문의 노동자들이 자신들을 직접 착취하는 개별 부르주아를 상대로 투쟁한다. 그들은 부르주아적 생산조건에 대해 공격하는 것이 아니라 생산도구 자체에 대해 공격한다… 중세 노동자의 지위를 무력으로 회복하고자 한다.[5]

노동자들이 노동의 도구로 전락하게 되자 노동자 계급이 자신들의 노동을 회복하기 위해 부르주아 계급과 '계급 충돌'을 벌이게 되었으며, 이 과정에서 노동자들은 단결된 투쟁을 하기 위해 노동조합과 같은 결사체[6]를 결성하게 되었다. 마르크스는 이러한 노동자들의 결사체는 임금수준을 유지하고 투쟁을 벌이는 데 필요한 조직임을 강조하고 있다.

당시 노동자들은 단결하여 자본가 혹은 기업가들과 끊임없이 대화하고 투쟁을 벌였다. 하지만 결과는 어떻게 되었을까? 가끔은 승리하는 것처럼 보이기도 했으나 노동자들은 결국 어쩔 수 없이 과거로 되돌아가 노동자가 되거나 실업자가 되는 길 뿐이었다. 그렇다고 노동자들의 투쟁이 아무 의미가 없는 것은 아니었다. 노동자들은 그러한 투쟁의 과정을 통해 단결하는 법과 대화하는 법을 배워갔다. 마르크스도 투쟁의 결실은 '노동자의 단결'이라고 말한다.

마르크스와 엥겔스는 자본가와 노동자가 대립하는 계급투쟁 속에서 여전히 착취당하는 노동자들의 상황을 주목하게 되었다. 경제적 불평등이 심화되는 자본주의라는 체제가 지니는 모순을 지적하고 이러한 모순을 극복하기 위한 방법으로 노동자들이 단결해야 함을 주장했고 이때 많은 노동조합들이 탄생했다. 칼 마르크스가 자본주의의 모순을 지적하며 인간에 대한 성찰을 강조한 그의 사상은 '공산당선언'에 잘 기록되어 있다. 하지만 우리가 잘 알고 있듯이 마르크스의 사상 위에 세워진 공산주의 체제는 1998년 소련의 붕괴와 함께 100여 년 만에 몰락하고 만다.

칼 마르크스가 주장했던 것은 삶을 나아지게 하는 이념이나 철학이 아닌 최소한의 경제생활을 가능하게 하는 사회구조의 역할이었다. 그 시기는 많은 노동조합이 설립되었다가 사라지고, 비슷한 형태의 공동체들이 생성과 몰락을 거듭하는 사회적 혼란기였다. 협동조합도 그런 사회적 혼란기에 태어났다.

따라서 협동조합은 자본주의 태동과 함께 시작되었고, 성장의 토대를 구축하게 된 것이다. 가난한 노동자들이 자신들의 힘으로 할 수 있는 최소한의 단결, 최소한의 행동 그것이 협동조합의 시작인 것이다.

'협동조합'이라는 밑그림을 그리고 기초 개념을 제공한 초기 사상가는 대표적으로 로버트 오웬, 앙리 드 생시몽, 샤를 푸리에 등인데 이들을 '공상적 협동조합주의자들'이라고 불렀다. 공상적[ideal] 협동조합주의자라는 말에는 약간 폄하하는 의미가 담겨있기도 한데, 이 용어를 사용한 사람이 바로 칼 마르크스다. 마르크스는 '이들은 노동자 해방을 위한 방법들을 찾기 위해 새로운 과학이나 사회법칙을 찾아 나선 이들'이라고 칭했다.

> 그들은 모든 정치적 행동, 특히 혁명적 행동을 거부한다. 그들은 평화적 수단으로 자신들의 목적을 달성하고자 하며, 필연적으로 실패할 수밖에 없는 자질구레한 실험들이나 사례의 힘을 통해 새로운 복음으로 나아가는 길을 열려고 시도한다고 하였다.[7]

노동자들의 평화적 수단, 그것이 바로 협동조합 정신이다. 협동조합 사상 혹은 구상은 계급혁명이 일어나기 전부터 시도되고 있었다고 전하고 있다. 이러한 행동에 대해 마르크스는 '사회를 전반적으로 개조하고자 하는 예감으로 가득 찬 최초의 행동'이라고 했으나, '필연적으로 실패할 수밖에 없는 행동'으로 폄훼하기도 했다. 결과적으로 마르크스가 그토록 자신하던 공산주의는 몰락했으나 협동조합은 공산주의가 붕괴된 이후에도, 자본주의가 위기에 처하고 있어도 여전히 건재하며 사회의 중요한 조직으로 발전을 하고 있을 뿐만 아니라 자본주의가 위기에 처할 때마다 그 대안 체계로 부각되고 있다.

자본주의가 태동하던 시기와 마찬가지로 자본주의가 위기를 맞이하고 있는 지금 이 순간에 자신들의 힘으로 자신들의 문제를 해결하기 위한 몸부림이 시작되었다.

자본주의의 위기를 넘어 사람중심의 사회로

2011년 10월의 어느 날 21세기를 대표하는 철학자 슬라보예 지젝[8]은 뉴욕의 주코티 공원에 서 있다. 그의 주장을 들어보자.

> 우리의 기본적인 메시지는 대안을 생각하는 게 가능해졌다는 것을 기억하라. 이 규칙이 깨진다면 우리는 최선의 가능한 세계에서 살고 있는 것이 아니다. 하지만 우리는 아직 가야 할 길이 멀다. 정말 어려운 물음들이 우리 앞에 있다. 우리는 우리가 무엇을 원하고, 무엇을 원하지 않는지 알고 있다. 그러나 우리가 원하는 것은 무엇인가? 어떤 사회 조직이 자본주의를 대체할 수 있을까? 어떤 새로운 지도자를 원하는가? 기억하라, 문제는 부패나 탐욕이 아니다. 체제 그 자체가 문제다. 그것은 사람들을 부패하게 만든다.[9]

한 세기가 넘는 세월동안 자본주의 진영과 공산주의 진영은 대립했다. 극심한 대립에서 공산주의는 이미 몰락했으니 자본주의가 승리했다고 말할 수 있을까? 중국은 비록 다소 낮아지기는 했지만 연평균 10%대의 경제성장률[10]을 보이는 경제대국으로 성장했으며, 어떤 측면에서는 미국보다 훨씬 역동성을 보이고 있다. 그렇다고 해서 중국을 자본주의 국가라고 말할 수 있을까? 따라서 슬라보예 지젝은 우리가 자본주의를 비판한다고 해서 민주주의에 반대하고 있다는 협박을 당할 필요가 없다고 주장한다. 자본주의가 곧 민주주의인 시대는 지나갔으니 당당하게 자신의 목소리를 내야 한다. 오히려 오늘날 극단주의적 공산주의자들은 '자본가들'이라고 말하고 있다.

2011년 '월가를 점령하라'는 캠페인에 참여한 사람들이 주장하는 것은 무엇인가? 더 높은 생활수준이 아니라 더 나은 생활수준이라고 말한다. 자신의 정당한 몫을 찾기 위해 자신의 목소리를 내라고 말한다. 진정으로 원하는 것, 갈망하는 것을 추구하라고 말하고 있다.

지젝은 우리 시대가 두 가지 유토피아의 종말을 겪었다고 규정한다. 하나는 70여 년을 버티던 '정치적 유토피아', 곧 현실 사회주의의 종말이고 다른 하나는 그 이후 10여 년을 버티어 왔던 전 지구적 자본주의, 곧 자유민주주의 유토피아의 종말이다. 1991년 소련의 몰락으로 사회주의는 종말을 고하고, 세계의 흐름은 자본주의 체제로 넘어가는 듯 보였다. 그 이후 자본주의는 쉼 없이 달리기 시작했고, 신자유주의, 혹은 글로벌 자본주의라는 이름으로 세상의 경제시스템을 탈바꿈시켰다. 지구 곳곳에서 사회적 · 경제적 불평등은 심화되고 그에 따른 대륙간 · 지역간 · 개인간 빈부의 격차, 빈곤, 차별 등 고통은 늘어만 갔다.

유토피아, 즉 이데올로기의 종말은 우리가 살고 있는 시대의 현주소이며 아직 아무것도 끝나지 않았다. 토마스 모어가 꿈꾸던 유토피아, 그 후세 사람들이 꿈꾸던 사회주의, 그리고 지금 우리가 꿈꾸는 자유민주주의 궁극적 목표는 무엇인지 지젝은 다음과 같이 묻고 있다.

시위자들은 비록 제대로 혜택을 받지 못하고 사실상 사회적으로 배제되기는 했어도 당장 굶주리거나 생존에 급급한 수준은 아니었다. 지금껏 물질적 상황이 훨씬 더 열악하고 물리적 · 이데올로기적 억압이 심한 상태에서도 사람들은 확실한 의제를 지닌 정치세력으로 조직화하곤 했다. 따라서 시위대들은 아무런 강령이 없었다는 사실은 당면한 이데올로기적 · 정치적 곤경에 대해 많은 것을 말해주며, 그 자체로 해석이 필요하다.[11]

우리가 꿈꾸는 것은 이데올로기도 이상향理想鄕도 화려한 유토피아utopia도 아니다. 우리는 안정적인 생활수준, 안정적인 정치체제 속에서 상식이 통하는 세상, 권력과 부가 아닌 사람이 중심이 되는 세상을 원할 뿐이다. 지난 2016년 겨울 이러한 세상을 이루기 위해 촛불을 들었고, 결국 쟁취했다. 정치적인 안정을 이루기 위해 일어선 것처럼 신자유주의 체제가 효율성과 경쟁을 강조해서 모두가 잘사는 세상이 아닌 승자를 위한 세상으로 만들어 가는 참혹한 광경을 그저 바라만 보고 있을 수 없는 노릇이다.

대한민국의 현실, 우리의 현실

사회주의의 몰락 이전부터 사회 · 경제 시스템은 자본 혹은 시장 중심으로 움직였다. 그리고 이러한 시장 경제는 '인간은 이기적'이라는 사상에서 출발한다. 인간은 이기적인 마음으로 시장에서 행동하고, 기업들도 이기적인 목적에서 경제 행위를 하지만, 그 이기성이 결국 사회 전체적으로는 효율적인 결과를 가져 온다는 것이다. 이처럼 이기적이지만 한편으로는 효율적인 경제 시스템은 우리 사회에 뿌리를 깊게 내리고, 그 중심에는 '자본'이 자리 잡았다.

한국개발연구원[KDI]의 연구보고서에 따르면 한국의 청년 실업률은 매우 심각한 수준을 나타내고 있다. 청년(15-29세) 실업률은 2000년 이후 약 8% 수준을 유지하다가 2013년부터 급속하게 상승해서 2016년 말 현재 10% 수준까지 상승한 반면, 전체 실업률은 크게 상승하지 않았다. 실업률이 10% 정도면 열 명 중 한명이 실업이니 이 정도면 양호하지 않은가라고 생각할 수도 있겠다. 2000년 이후 청년 노동시장에서 가장 심각한 문제는 남자 25세-29세의 고용률의 하락이며, 그 수준은 2000년 78%에서 2016년 70%로 떨어졌다. 경제협력개발기구[OECD]가 발표한 자료를 살펴보면 2000년 미국, 일본(90%)이나 독일, 프랑스(80% 대)보다 크게 낮은 것을 알 수 있다. 반면에 25세-29세 실업률은 2013년부터 크게 상승하고 있다. 그러나 남자 30세-34세에서는 고용률도 90%로 높은 편이며 실업률도 상대적으로 낮게 인식되고 있다.[12)]

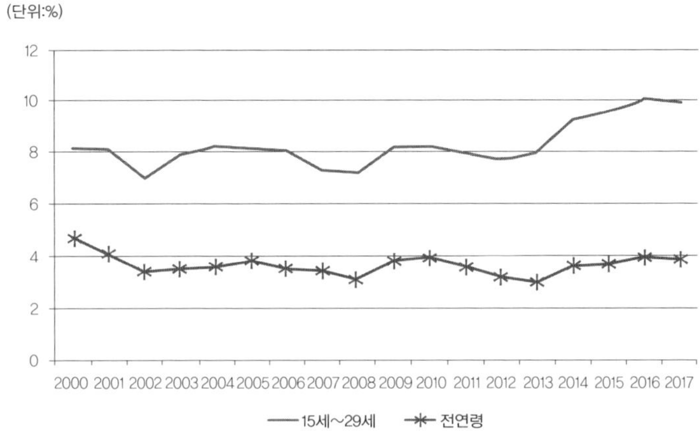

그림 1 우리나라 청년(15–29세) 및 전 연령 실업률 : 2000–17년[13]

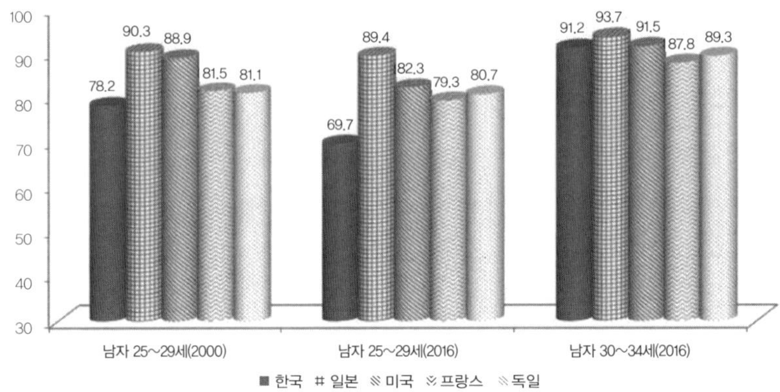

그림 2 OECD 주요 국가별 청년 고용률 비교[14]

아이러니하게도 한국 청년층의 교육수준은 세계 최고 수준이다. 고등학교를 졸업하고 대학 및 직업교육을 이수한 25-34세 청년 비율은 한국이 67.1%로 2위인 일본(58.4%)보다 10% 포인트, OECD 평균(42.7%)보다 무려 25% 포인트가 높다.[15] 대졸자의 실업률이 상대적으로 높다는 것인데, 앞서 한국개발연구원의 보고처럼 청년층 고용률 하락은 대졸자의 경우에 급격하게 하락하는 것과 맥을 같이하고 있다.

이처럼 실업률이 높아서 그런지 한국의 자영업자 비율도 매우 높게 나타나고 있다. 기획재정부가 발표한 자료를 보면 2013년 한국의 자영업자 비율은 27.4%로 조사되었다.[16] OECD 평균인 16.1% 수준보다 거의 두 배에 이르는 수치다. 가장 낮은 나라는 미국(6.6%)이며, 캐나다(8.8%), 독일(11.2%), 일본(11.5%) 순으로 대다수 선진국이 10%대 수준인 것을 보면 한국이 얼마나 자영업자의 천국(?)인지 알 수 있다. 한 집 건너 한 집은 치킨집이고 나머지 한 집은 커피집이 되었다. 그러면 이처럼 자영업자 비율이 높다는 것은 자영업이 잘된다는 말일까? 아니다. 오히려 자영업자 몰락의 위기를 맞고 있다.

한국노동연구원이 발간한 '2015년 상반기 노동시장 평가와 하반기 고용전망' 보고서에 따르면 2015년 상반기 증가한 취업자 수는 33만 1,000여 명으로 전년도 같은 기간(59만 7,000여 명)에 비해 44%가 감소했다. 취업자는 임금근로자와 자영업자(비임금 근로자)를 합한 것으로 특히 영세 자영업자의 몰락이 취업자 증가세를 둔화시킨 것으로 분석했다.[17] 보고서에 따르면 2015년 상반기 임금근로자 취업자는 전년보다 43만 2,000여 명 늘었지만 자영업자는 10만 1,000여 명이 감소하여 전년도와 비교했을 때 무려 100배 이상 더 줄어든 것으로 나타났다. 가장 큰 감소는 영세한 '나홀로 자영업자'들로 경기침체의 직격탄을 맞은 것으로 분석하고 있으며 직원 없이 홀로 영업하는 자영업자와 이들과 함께 무급으로 일하는 가족종사자가 각각 전년보다 10만 7,000여 명, 5만 8,000여 명 줄었다.

나홀로 자영업자가 눈에 띄게 감소하고 있는 가운데 협동조합 등록 수는 큰 폭으로 증가한 것이 단순한 우연의 일치, '오비이락烏飛梨落' 현상일까? 실패 할 수밖에 없는 개인들, 실패를 눈앞에 둔 개인들이 절벽에 매달린 사람의 심정이 되어 마지막 나뭇가지에 의지하여 발버둥치고 있는 것은 아닐까?

월가를 점령하라고 목소리를 높이는 것도 하나의 방법일 것이다. 하지만 우리가 살고 있는 체제, 경제시스템에 경쟁이 아닌 상호 협력체제를 보완하는 것이 더 실제적인 방법이다. 인간은 이기적이라는 믿음 위에 세워진 자본주의 경제 및 금융 시스템은 2008년 금융위기를 겪으면서 많은 문제점을 노출시켰다. 이후 많은 국가에서 그리고 시장 시스템에서 협력을 이야기하고 있다. 협동조합은 경쟁에서 승리하는 것보다 함께 가는 방법을 찾는 시스템이다. 협동조합을 통해 자본주의의 위기를 넘어 사람이 중심이 되는 세상을 만드는 일, 이것이 협동조합 시대, 협동조합이 우리나라에 번지기 시작하는 이유인 것이다.

차 례

2장 협동조합의 가치와 조직, 법규

3장 협동조합의 유형과 사업

4장 협동조합의 역할과 과제

협동조합의 역사, 기원

01

협동조합의 시작은 어디인가. 협동協同은 태고부터 시작되었겠지만, 현대적인 협동조합協同組合 조직의 실체적인 모습은 18세기 후반 산업혁명기에서 찾아볼 수 있다. 여기에서는 협동조합의 역사를 돌아보면서 협동조합의 의미를 찾아본다.

가. 협동조합의 탄생 배경

우리가 알고 있는 협동조합의 시작은 어디서부터 일까? 초기에는 협동조합이 아닌 협동공동체로 시작되었다. 유럽의 수도원 공동체를 생각해 보라. 협동공동체는 함께 모여서 기도로 하루를 시작하고, 농사일로 함께 수확하고, 함께 음식을 나누고, 하나의 울타리 안에서 협동 방식으로 삶의 문제를 해결한다. 사적 소유, 즉 내것 네것을 구별하지 않았다. 함께 일하고, 함께 먹고 살아가는 가족공동체와 같았다.

이러한 협동공동체는 산업혁명기에 유럽의 농민부락의 모습으로 나타났다. 그 이후 여러 사상가들이 주장한 '유토피아적 공동체'의 형태를 보이다가 협동조합이라는 조직으로 변화되었다.

협동조합의 기원을 산업혁명에서 찾아보기 전에, 산업혁명이 무엇인지 이해해야 한다. 산업혁명은 1760년에서 1830년대에 이르는 영국에서 일어난 사회 경제조직의 변혁을 일컫는 말이다. 일반적으로 산업혁명의 의의를 18세기 후반기 이후 증기기관으로 대표되는 기술적 발전에만 치중하는 것은 협소한 시각이다.

> 산업혁명의 의미는 기계의 발명 그 자체에 있는 것이 아니라 그로 말미암아 일어나는 사회구조와 경제조직 및 경영양식의 변혁에 두어야 한다. 산업혁명을 근대자본주의사회의 탄생을 이끌어 오는 시대적인 전기로 이해한다면, 이 시기의 모든 산업부문, 사회조직까지 연구 대상을 확대시켜야 한다.[18]

즉 산업혁명으로 인해 단순하게 생산능력의 확대를 넘어서 사회 구조 전반에 변화가 일어나기 시작했다는 것이다. 따라서 협동조합의 생성과 발달은 산업혁명을 초래한 공업능력의 향상 뿐 아니라 농업기술과 농업 경영양식, 교통, 화폐, 금융제도, 사회조직 등 여러 문제에서 비롯되었다. 산업혁명 이전에 영국을 비롯한 대부분의 유럽 사람들은 식량을 비롯한 생필품을 자급자족했다. 하지만 산업혁명으로 농업과 공업의 생산력이 비약적으로 발전하여 세상은 산업혁명 이전과 전혀 다른 모습으로 바뀌어 갔다.

> 산업혁명의 생산력生産力은 아담 스미스가 국부론國富論에서 말한 것처럼 나라의 부를 가져오고 도시의 부흥을 일으킨다. 그렇다고 이렇게 늘어난 부가 희망에 찬 장밋빛 미래를 보증한 것은 아니다. 18세기 말에는 사회 경제적 불평등과 대중의 빈곤이 큰 사회문제로 떠올랐다. 부의 분배를 둘러싼 논쟁도 격화되었다.[19]

당시 가내수공업 형태로 이루어지던 공장들이 기계 공업의 발달로 대규모 공장으로 탈바꿈하게 되었고, 수많은 농업 종사자들이 공장으로 모여들어 공업노동자가 되었다. 역사의 진보는 명암明暗이 있듯이 기술발달이 긍정적인 결과만 가져오는 것은 아니다. 공장의 발달로 인해 지금까지는 없었던 새로운 계급, 즉 공업노동자가 탄생하게 된 것이다. 그러나 당시 임금 노동자의 열악한 환경을 다음과 같이 설명하고 있다.

하루 14시간이 넘는 노동과 터무니없이 낮은 임금, 굶주림과 더러운 빈민가, 당시의 도시는 사람 살 곳이 못되었다. 시커먼 매연과 쓰레기 더미, 빈곤은 악덕과 질병을 가져왔다. 콜레라와 장티푸스가 만연했고 수많은 부랑아, 범죄자가 양산되었다. 아이들과 여성들은 자본가들에게는 더없이 부려먹기 좋은 상대였다. 그들은 아침 6시부터 시작되는 14시간 이상의 노동과 최악의 근로조건에 아무런 저항도 할 수 없었다. 인류를 신세기로 이끈 산업혁명은 수많은 사람들을 '문명화된 야만' 상태로 내몰고 있었다.[20]

이러한 기계의 부속품이 된 노동자들은 스스로 살 방법을 찾아야 했다. 아무리 기계의 부속품처럼 취급을 받는 힘없는 노동자들이었지만, 인간은 기계가 될 수 없었기 때문이다. 기계는 단순한 반복을 수만 번 하더라도 아무런 감정이 없지만 인간은 반응을 하게 되어 있다. 저항과 반발이 초기에는 격한 감정으로 나타났는데, 자신들이 일하는 공장의 기계를 때려 부수는 폭력 운동으로까지 나타났다. 이러한 기계파괴운동을 '러다이트운동[21]'이라고 부른다. 하지만 이러한 러다이트운동도 노동자들의 삶에 아무런 영향을 미치지 못했다.

산업혁명이 일어났던 시기에 영국 이외 유럽의 다른 나라들은 어땠을까? 결론적으로 18세기 후반 영국에서 일어난 산업부문에 있어서의 혁신적인 기운이 다른 서구 대륙에서는 영국에서처럼 큰 빛을 발하지 못했다.

영국에서 일어난 기술적 제발명이 대륙에 알려진 것은 그리 오랜 뒤의 일이 아니었다. 그러나 이러한 신기술적 발명이 산업부문에 보급되고 생산양식을 변경시킨 것은 반세기가 지난 후였다. 서구대륙의 제국 중에서 일찍이 근대적 기술혁신을 도입해 들인 나라는 프랑스였으며, 이 프랑스에서조차 1830년 이후에 근대적인 산업혁명을 맞이하게 되었는데, 이러한 이유는 혁명의 기반이 충분히 성숙되어 있지 않았기 때문이다.[22]

비록 산업혁명 같은 기술적 발전은 아니지만, 프랑스는 그 유명한 시민혁명이 있었다. 자본의 혁명이 아니라 정치의 혁명이 먼저 나타난 프랑스는 절대왕조 아래의 특권층을 물리치면서 '앙시앵레짐[23]'이라는 구질서체제를 1789년 시민 정치혁명으로 새롭게 일궈냈다.

프랑스 혁명은 당초에 자유주의를 신봉하는 진보적 귀족 및 시민층에 의하여 인도되었으나 구질서 하에 억압되었던 농민 및 중소공업자층이 열렬히 이에 가담하여 혁명의 주도세력을 이루게 되자 혁명은 봉건적 절대주의 하의 모든 질서를 소멸시키고 자본주의적 발전의 토대를 마련했다.[24]

영국과 프랑스에서 협동조합 운동이 시작된 것은 우연이 아니다. 인간이 기계의 부속품처럼 여겨지는 노동자들의 열악한 현실, 하지만 이러한 억압된 현실을 극복하고자 하는 정치적인 의식, 이 두 가지의 시대적 상황이 진보적 성향의 사상가를 만나 협동조합이라는 새로운 시도를 할 수 있게 되었다.

산업혁명으로 생산수단을 소유한 자본가 계급은 시간이 지날수록 부를 축적한다. 인간의 욕심이 끝이 없듯이 자본가들이 부를 소유할수록 자영농이나 소규모 생산자들은 노동자로 전락하고 계속 빈곤해지는 상황에 놓이게 되었다. 더욱 노동자들을 절망스럽게 한 것은 이들이 미래에도 자본가가 되거나 기업가가 될 가능성이 없었다는 것이다. 시간이 갈수록 빈곤이 악순환 되는 상황이었다. 200년 쯤 지난 지금 뉴욕 월가 한 복판에서 외치는 젊은이들이 느끼는 그 절망감과 닮아 있다. 한 집 건너 치킨집, 그 치킨집 사이에 커피집이라는 자영업자들의 천국(?!)이 된 우리 도시의 상황도 크게 다르지 않은 것 같다.

절망적인 상황에서 노동자들이 어떤 선택을 할 수 있었을까? 다행스럽게도 자본주의의 발전은 외면적인 경제적 발전 뿐 아니라 내면적인 인간의 정신적 연대를 가져왔다. 자본이 부족하여 기업가가 될 수 없는 노동자들이 힘을 합치기로 한 것이다. 그들은 민중의 힘으로 절대왕정이 무너지는 광경을 목격한 사람들이다. 뒤에 서술하겠지만 처음에는 노동조합을 결성하여 기업가와 지속적으로 협상을 하거나 투쟁을 계속했다. 영국에서는 이처럼 노동자들이 결성한 노동조합운동과 함께 조금이라도 생계비를 줄이기 위해 대량으로 물건을 구입하고, 판매한 계기가 되어 소비조합으로 발전하게 되었다.

하지만 영국보다 반세기 이상 산업혁명이 늦게 일어난 프랑스와 독일은 영국처럼 급격한 공업혁명이 일어나지 못했다. 영국은 농촌인구가 도시로 몰려드는 급격한 인구이동으로 도시 노동자의 빈곤한 삶을 해결하는 것이 우선 시급했다. 하지만 프랑스나 독일은 오히려 산업혁명이 완만하게 일어나서 농촌의 자영농이 공업노동자로 이동하지 않고 자영업이나 농업을 계속할 수 있게 되었다. 그러나 산업혁명의 영향으로 자영업자들도 계속 생산하기 위해서는 많은 자본을 필요로 하게 되었다. 자본을 빌릴 수 없는 영세한 사람들이 지주나 상인에게 고율의 이자를 주고 빌려 쓰는 고리대금으로 인해 파산하는 악순환이 되풀이 되었다.

이러한 빈곤한 자영업자들이 규모를 확대하기 위하여 서로 힘을 뭉치게 되는 것은 어떻게 보면 당연한 일일 것이다. 따라서 프랑스와 독일은 영국과 달리 생산조합들이 활발하게 만들어지게 되었다. 자본주의 발전은 농업부문도 예외는 아니어서 자본이 필요한 상업농이 생겨났다. 소규모 농지가 특히 많은 독일에서 자급자족하던 소규모 영세농들은 생산을 위해 자금을 필요로 하게 되었고, 고리대금의 횡포를 막아내기 위해 농촌형 신용협동조합을 만들게 된다. 자연스럽게 도시에서는 영세한 자영업자에게 대부를 해주는 도시형 신용조합이 발전하고, 농업인들을 위한 농촌신용협동조합은 지금의 농업협동조합으로 성장 발전하게 되었다. 자본주의의 폐해를 극복하기 위해 나타난 협동조합이 각 나라의 자본주의 발달 형태에 따라서 다른 형태로 나타나게 된 것이다. 희망이 없는 인간에게 희망을 가지게 할 수 있는 것은 무엇인가? 그것은 서로가 서로에게 힘이 되어 주는 것이다.

그러면 협동조합이라는 흐름이 18세기 후반이나 19세기 처음 나타나기 시작한 것일까? 이전에는 이러한 사상이나 운동이 없었을까?

물론 인간이 이 땅에서 삶을 영위 했을 때부터 "협동"이라는 사상은 있었을 것이다. 동굴에서 살던 사람들은 사냥을 위해 힘을 합쳐야 했을 것이며, 우리 조상들처럼 농사일이나 집을 짓고 이웃과 경쟁하기 위해 힘을 합쳐야 했을 것이다. '두레'나 '향약' 등 모든 것들이 협동의 한 모습이다.

협동(協同, teamwork)의 사전적 정의는 '2명 이상의 사람이 어떠한 목표를 달성하기 위해 힘을 합해 활동하는 것'을 말한다. 하나의 목표, 혹은 하나의 문제를 해결하기 위해 힘을 모아 내는 것이 바로 협동이다. 그런 의미에서 협동은 태고부터 있었으며, 인간이 존재하는 역사와 함께 다양한 모습으로 존재해 왔다. 심지어는 가장 이기적인 집단이라는 기업조직에서도 협력을 통한 성공사례가 많아지고, 최근에는 인간의 협력 시스템에 대한 연구도 많아지고 있다. 하버드 대학교에서 기업 법률을 연구하고 있는 요차이 벤클러 교수는 이기심과 협력은 서로 배타적인 개념이 아니라고 한다. '독립과 자율성, 자본주의, 개인주의'를 소중하게 생각하는 사람이 자동적으로 자기중심적이고 이기적이고 무정한 사람은 아니라는 것이다. 협력과 이익은 공존할 수 있으며 이 이중성을 받아들이고, 그 바탕에서 사회를 재구성하는 것은 개인적, 조직적, 사회적 목표를 위해 반드시 배우고 해야 할 일이라고 강조한다.[25]

그렇다면 지금과 같은 보다 체계적이고 구체적인 협동조합이 만들어지기까지 결정적인 역할을 했던 사상가들과 근대협동조합에서 선구자적인 역할을 한 실천가들을 통해 협동조합의 발달과정은 어떤지 살펴보자.

나. 협동조합을 이끈 주요 사상가 및 실천가

로버트 오웬(1771–1858)

근대 협동조합의 선구자 혹은 첫 성공모델로 알려진 영국의 로치데일 협동조합이 세워지기 이전에 영국에서는 이미 여러 협동조합들이 만들어지고 시행착오와 함께 사라져갔다. 초기 영국의 많은 협동조합들에 영향을 준 사상가는 로버트 오웬Robet Owen[26]이다. 오웬이 물론 협동조합을 만들기도 했지만, 그는 협동조합 사상의 기초를 만들고 실천했으며, 후대의 사람들이 협동조합을 만들도록 독려한 사상가였다. 1771년 뉴타운에서 철물점 주인의 일곱 아들 중 여섯째로 태어나 조숙하고 독립심이 강했던 오웬은 10살 때부터 상점 점원생활을 시작했다. 당시는 미성년자 고용 금지에 대한 법적 기준도 없었을 것이고, 일자리가 턱없이 부족한 상황에서 최저임금 규정도 없었을 테니 근로 상황이 그야말로 최악이었을 것이다. 오웬은 직접 점원생활을 하면서 상점 직원들이 공장 노동자 못지않은 노동 착취를 당하고 있음을 목격하게 된다.

당시 영국은 면공업 지역으로 많은 공장들이 건설되고 있었는데 오웬이 이주한 맨체스터 지역도 섬유와 플란넬flannel 공업의 성장으로 많은 노동자들이 급격하게 몰려 인구가 증가한 지역이었다. 이곳에서 어려서부터 직접 체험한 노동자의 삶은 오웬이 사업가로 또한 노동자 인권을 위한 사회개혁가로 헌신하게 된 계기로 작용하였다.

오웬은 18살부터 방적공장의 지배인을 거쳐 직접 공장경영을 맡아 경영자로서의 능력을 인정받게 된다. 특히 오웬은 방적기술뿐만 아니라 작업환경 개선을 통해 노동자들의 작업의욕을 불러일으켜, 제품의 품질이 개선되는 것을 목격하였다. 노동자들도 좋은 환경과 교육의 기회를 제공

받으면 훌륭한 시민으로 성장할 수 있다는 것을 깨닫게 된다. 이것이 훗날 인간의 성격 형성은 환경조건에 의해 커다란 영향을 받는다는 '새로운 사회에 대한 견해[A New View of Society][27)]'를 집필하는 데 결정적인 역할을 하게 된다.

사업가로 성공을 하던 오웬은 29살이던 1800년 장인이 운영하던 뉴라나크의 방적공장을 사들여 공장운영에 직접 뛰어들게 된다. 뉴라나크 방적공장을 사들인 이유가 다른 경영자들처럼 단순히 부를 축적하기 위한 목적으로 활용한 것이 아니었다. 뉴라나크 방적공장은 2,000여 명의 노동자들이 일하고 있었는데 이들을 대상으로 오랫동안 구상하던 프로젝트를 위해 실험적인 운영을 하게 된다.

당시 공장들은 장시간의 노동과 저임금, 심지어는 일곱 살 미만의 아이들을 노동자로 고용하여 일을 시켰다. 심지어는 체격이 작은 어린이들을 좁은 탄광에서 석탄차를 끄는 말 대신에 고용하였다. 아이들의 허리에 줄을 묶고 그 줄을 이륜차에 쇠줄로 연결하여 작은 소년 소녀가 앞뒤에서 끌게 했다. 그런 상황이니 노동자의 복지라는 것은 생각할 수도 없던 시절이다. 하지만 오웬은 뉴라나크 방적공장을 단순한 공장차원을 넘어 학교 교실과 강당, 간호학교 등이 갖추어진 '인격형성학원[Institute for the Formation of Character]'으로 발전시켰다. 노동자의 인권이 소나 말처럼 다뤄지던 시대, 오웬의 시도는 사업의 주된 목적이 돈이 아닌 다른 가치를 얻기 위한 것이었다.

노동자들에게는 인도주의적 입장에서 청결한 작업시설과 근로 여건을 제공하였으며, 어린 노동자들을 위한 교육에도 열성을 다했다. 자율적인 노동시간을 도입하고 관행적인 17시간 노동을 10시간 이내로 제한하였으니 당시로서는 파격적인 운영이 아닐 수 없었다. 그리고 10

세 이하의 어린이는 노동에서 제외하고 청소년들을 위한 학교를 개설하였다. 현대적인 용어로 노동복지와 아동복지, 인권보호를 실천한 것이었다.

그는 저임금 노동자들의 복지를 증진시키기 위해 각종 생활필수품을 대량으로 구입한 뒤 주변 일반 상인들보다 20% 정도 저렴하게 공급하여 노동자들에게 이익을 제공하였다. 이른바 소비자 협동조합을 조직한 것인데, 점포를 운영한 수익금도 상당부분 교육비로 충당하였다.

놀라운 것은 오웬의 파격적이고 실험적인 시도는 노동자들의 삶을 개선했을 뿐만 아니라 사업적으로도 큰 성과를 안겨주었다. 깨끗하고 질서정연한 거리, 세계 최초의 유치원과 학교에서 공부하는 300여 명의 아이들, 강제력이 없어도 열심히 일하는 노동자들, 민주적인 근로 규칙, 생활필수품을 판매하는 점포와 식당 등 공동시설은 어디에서도 찾아볼 수 없는 놀라운 성공을 가져왔고, 사회개혁의 근거지가 되었다. 오웬의 이러한 업적은 이후 세상에 알려져서 1815년부터 1825년 사이에 걸쳐 유럽의 왕족과 귀족들이 해마다 2만 명 이상 뉴라나크를 견학할 정도로 오웬의 명성은 널리 퍼지게 된다.

오웬의 사상은 빈민으로 전락한 노동자들의 생존권을 어떠한 방식으로 확보할 것인가라는 문제의식에서 출발하였다. 그리고 그가 제시한 해결책은 '협동촌[village of cooperation]'을 건설하는 것이었다. 그는 노동자들이 빈곤으로부터 해방되기 위해서는 자본가에게 종속될 수밖에 없는 자본주의 사회에서 벗어나, 노동자 스스로가 주인이 되고 자급자족을 달성할 수 있는 협동촌을 만들어야 한다고 주장하였다.[28] 노동자들 스스로 생활할 수 있는 공동체, 즉 토마스 모어가 주장한 '유토피아' 같은 공동체를 건설하는 것만이 자본가의 종속에서 벗어날 수 있다고 생각한 것이다. 오웬은 자신의 이러한 주장은 뉴라나크 공장을 '운영'이 아닌 '통치[government]'라고 생각하였으며, 뉴라나크 공장촌을 모범적인 공동사회로 만들고자 노력하였다.

뉴라나크 실험이 성공하면서 사회에 대한 그의 견해도 확신을 갖기 시작하여 1814년 '사회에 대한 새로운 견해[A New View of Society]'를 발표한다. '성격형성론' 이란 부제가 붙은 이 책에서 '당시 노동자들의 성품이 비천한 것은 천성 때문이 아니라 사회적 환경 때문이며, 사회 조건만 개선하면 그들을 절망에서 벗어나게 할 수 있다.' 라는 것이다.

오웬은 뉴라나크의 성공에 고무되어 본격적으로 공동체를 건설하기로 한다. 1824년 그의 나이 53세에 큰 아들과 함께 미국으로 건너가 전 재산을 들여 인디애나주에 2만 에이커[29]의 토지를 구입하고 '협동촌'을 건설한다. 800여 명의 사람들이 모여사는 이른바 뉴하모니New Harmony 협동촌을 건설한 것이다. 그는 이 협동촌을 자급자족이 가능한 이상적인 공동사회로 만들고자 하였다. 협동촌은 성차별 · 신분차별이 없는 평등한 사회, 재산의 공유, 노동과 협동과 충분한 휴식을 외치는 조화로운 공동체였다. 최종적으로 이러한 그의 계획은 실패로 돌아갔다. 실패의 원인에는 자본의 부족과 다양한 구성원들의 문화적 차이로 인해 공동체 생활에 적응하지 못한 현실적인 이유가 있었다. 하지만 가장 주요한 원인은 이상과 현실이 너무 동떨어져 있었기 때문이다. 사유재산과 상품생산을 두 축으로 하는 자본주의 체제하에서 격리촌을 건설하여 노동자들의 권리를 보호하고자 하는 것은 현실과는 상당한 괴리가 있었다. 실제 모여든 800명의 사람들 중에 노동이 가능한 사람은 110여 명에 불과할 정도였으니 어떻게 보면 시작부터 불가능한 시도였을 것이다.

오웬은 뉴하모니 실패 후 런던으로 돌아와 '전국 공평 노동 교환소[National Equitable Labor Exchange]'라는 일종의 노동교환 시장을 만들었다. 노동자들이 각자 생산한 상품을 생산에 투입된 시간에 비례하여 물건의 가치를 평가한 후 교환할 수 있게 하였다. 일종의 노동에 근거한 물물교환 시장이었다. 결국 이 교환소도 실패하게 되는데, 시장을 거치지 않고 노동자들 간에 상품의 가치를 계산한다는 것이 불가능했기 때문이다.

협동촌도 교환소도 실패로 끝나긴 했지만, 이러한 활동으로 오웬을 추종하는 많은 영국인들이 나타났으며, 협동조합도 속속 설립되었다. 이들 협동조합들은 적극적으로 오웬의 생각과 사상을 교육하는 데 앞장섰는데 이를 '오웬주의 협동조합운동'이라고 부른다.[30]

오웬은 협동조합에 대해 적극적이지 않았다. 오히려 노동자들을 지도와 교육의 대상으로만 생각하였기 때문에 노동자들 자력으로 개선하는 것보다는 정부나 지도층 인사들을 설득하여 사회를 개혁하는 것에 관심이 많았다. 사회로부터 격리된 공동체를 건설하여 모두가 평등한 사회를 만들고자 하였다. 샤를 푸리에와 함께 오웬이 공상적 사회주의자로 불리는 이유이기도 하다. 하지만 사업가로서 사상가로서 오웬의 주장과 실천은 로치데일 협동조합을 비롯하여 많은 협동조합에 영향을 미쳤으며, 오웬주의 협동조합운동은 초기 협동조합을 확산시키는 중요한 역할을 했음은 말할 나위도 없다.

윌리엄 킹(1786–1865)

윌리엄 킹[31]은 1786년 영국 입스위치에서 중학교 교장의 아들로 태어났다. 그는 캠브리지 대학교에서 의학을 전공했으며 졸업 후 의사로 브

라이튼에서 개업하였는데, 이곳에서 많은 노동자들의 비참한 삶을 목격하고 빈민구제를 위한 사회사업에 관심을 갖게 된다.

1824년 빈민구제를 위한 자선단체인 '브라이튼 빈민구제운동[Brighton District Society]'를 설립하고, 1827년에는 협동조합을 보급하고 협동조합 공동체 건설을 위한 '협동조합 자선기금[Cooperative Benevolent Fund Association]'을 설립하였다. 그는 기부와 자선에 의지한 협동조합 운동은 곧 한계에 직면할 것이라 생각하고, 오웬과 달리 노동자들이 스스로의 힘으로 빈곤에서 벗어나야 한다는 생각을 강조하였다. 그런 취지로 1827년 7월 소비자협동조합을 설립하였다. 협동조합은 조합원 45명이 1인당 5파운드씩 출자하여 설립하였으나 1년 정도 운영하다 조합원들의 이해 부족으로 해산하게 된다. 이러한 실패를 겪은 후 킹은 노동자들을 교육시키는 것이 우선된 문제라고 생각하고, 1828년 월간지 '협동조합인[The Co-operator]'를 발간하여 자신의 사상을 역설하게 된다. 이 잡지는 1830년 까지 약 2년간 28호까지 발간하다 폐간되지만, 당시 영국 전역에 협동조합 사상을 전파하는 데 커다란 기여를 하였다.

킹은 노동자들이 스스로 자본을 마련하고 그 자본으로 노동과 자본을 동시에 소유한다면 더 이상 자본가에게 종속되지 않을 수 있다고 생각했다. 자본가에게 종속되지 않으니, 노동자들이 만든 노동의 가치도 노동자들이 가져갈 수 있게 된다. 하지만 노동자들은 가난하여 스스로 충분한 자본을 만들 수 없다는 한계가 있다. 결국 가난한 노동자들이 자본을 만들기 위해서 협동조합을 결성해야 한다고 주장한다. 이러한 킹의 생각은 협동조합의 기본 원칙으로 만들어지게 된다.

킹도 오웬과 마찬가지로 자급자족하는 공동체 건설을 구상하고 있었으며 이 공동체는 노동자들이 스스로 필요한 물품을 생산한다. 킹은 '협동조합인' 제6호 협동조합의 원리와 규칙에 대한 글에서 그것을 달성하는 방법을 다음과 같이 설명한다.

킹이 생각하는 협동조합은 조합원들이 회비를 내서 자본을 조성하고, 일정 액수가 되면 그 자본으로 생필품을 판매하는 점포를 운영한다는 것이다. 그리고 여기서 생긴 이익금은 다시 자본으로 재투자하여 사업 확장에 필요한 출자금과 이익금으로 조성해 나가며, 자본이 모아지면 토지를 사서 협동촌을 건설한다는 것이다. 특히 한번 실패한 경험이 있던 킹은 협동조합의 경영개선을 강조하였는데, 경영의 개선이 없이는 그러한 목적을 이룰 수 없다고 생각하였기 때문이다. 요즘 우리나라도 협동조합 기본법(2012)이 제정된 이후 협동조합 설립이 한창 확대되고 있는데, 경영상 스스로 운영을 할 수 없는 협동조합들이 많다. 처음부터 확실한 수익모델 등 경영 기반조성이 협동조합 목적을 달성하는 데 매우 중요하다는 사실이다. 협동조합이 만들어진 초기부터 이미 검증된 내용임을 간과해서는 안 될 것이다.

표 1 윌리엄 킹이 주장한 협동조합의 목적과 사업방법[32]

구분	내용
협동조합의 목적	1. 빈곤에 대한 조합원 상호간의 보호
	2. 필요한 생활물자의 더 많은 확보
	3. 공동자본을 통한 독립의 달성
사업방법	1. 공동자본을 마련하기 위해 매주 6펜스 이상 출자
	2. 통상 이루어지고 있는 방법과 다른 방법으로 출자금 사용
	3. 출자금의 확보후, 조합원을 대상으로 하는 제조업에 사용
	4. 많은 자본이 모아지면, 토지 구입하고 공동생활에 사용

킹이 설립한 협동조합 점포는 1832년에 500개소 이상으로 확대되었다. 그러나 성공적으로 운영되던 점포들도 1833년에 사실상 문을 닫게 되는데, 여기에는 자본가들의 조직적인 방해와 경기침체 등 여러 가지 원인이 있었다. 하지만 실패하게 된 가장 중요한 원인은 협동조합 운영원칙과 발생이윤에 대한 분배방법, 출자금 환원방법 등이 구조적, 제도적으로 정해지지 않았기 때문이었다. 어떤 조합은 출자금을 환불하기 위해 해산하기도 했으며, 외상판매로 인해 파산하기도 했다.

오웬과 킹은 자본주의의 모순을 극복하기 위한 공동체 건설이 목적이라는 공통점이 있다. 하지만 공동체를 건설하는 방식에 차이가 있는데, 오웬은 경영자로 노동자들을 교육과 계몽의 대상으로 생각하여 소비자협동조합에 부정적이었던 반면 킹은 노동자 스스로의 노력으로 자본금을 적립하여 공동체를 건설할 수 있다는 확신을 가지고 있었다. 그러한 킹의 사상은 소비자협동조합을 통해 구체화되고 현실적인 성공 가능성을 보여주었다. 훗날 로치데일 선구자들이 스스로를 '오웬 주의자들'이라고 자신들을 소개하였는데, 오웬의 사상에 고무되기는 했으나 노동자 스스로의 노력, 출자금 적립, 현금 거래, 이윤을 자본 적립하는 등 협동조합의 실제 운영원칙은 킹의 영향을 더 많이 받았다.

안타깝게도 결국 오웬과 킹의 협동조합 운동은 실패로 돌아갔다. 하지만 이들은 협동조합의 운영원칙과 제도가 정비되지 못한 상태에서 협동조합의 사상을 전파하고 운영원칙을 세우고 실천하여 협동조합 운동을 불러일으켰으며, 결국 로치데일 협동조합으로 이어지게 한 선구자들이었다.

로버트 오웬과 윌리엄 킹이 협동조합의 사상적 토대를 제공하였다면, 다음에 소개하는 사람들은 협동조합 실천가들이라고 할 수 있다. 근대적 협동조합의 시작이라 할 수 있는 로치데일 협동조합을 이끈 초대 조합장 찰스 하워드, 로치데일의 역사를 꼼꼼하게 기록한 조지 호리요크, 도시 신용협동조합을 일으킨 슐체 델리치, 농업협동조합의 아버지라고 불리는 빌헬름 라이파이젠 등이 대표적인 실천가들이다. 이외에도 근대 협동조합의 160여 년의 기간 동안 수많은 실천가들이 있었다.

찰스 하워드(1814–1868)

1818년 로치데일에서 태어난 찰스 하워드는 면화공장에서 날실을 거는 직공이었다. 오웬주의자였던 찰스 하워드는 로치데일 선구자협동조합의 기본 원칙을 만들었다. 역시 로치데일 창립멤버 중 한 사람인 윌리엄 쿠퍼에 의하면 찰스 하워드는 이용고 배당 원칙을 제안하고 실천하였으며, 훗날 근대 협동조합운동 헌장을 창설하였다.[33] 1835년 시작되어 실패한 '로치데일 우애협동조합'에 참가하였던 그는 로치데일 공정선구자협동조합에 창립 조합원으로 참여하였을 뿐 아니라 초대 이사회의 임원으로 봉사하였고, 보험조합이 설립되었을 때부터 1868년 죽는 날까지 이사로 봉사하였다.

로치데일 선구자협동조합의 조합원들은 그를 '법률가[lawyer]'라고 불렀는데 실제 국회 청원대표가 되어 정치활동에 참여하기도 했다. 찰스 하워드가 로치데일 이사회의 임원으로 참여한 것도 의미가 있지만, 무엇보다 이용고에 따라 이윤을 배당한다는 원칙을 제안한 것이 큰 업적이라 할 수 있다. 당시 실패한 많은 협동조합들은 운영으로 얻어진 이윤 분배를 어떻게 할 것인지 혼란이 많았다. 출자금에 따라 해야 한다는 주장과 거기에 반대하는 주장이 팽팽했다. 그러다가 이윤을 나누기 위해 협동조합을 해산하는 일이 벌어지기도 했다. 모든 사업체가 성공을 목적으로 시작하기 때문에 성공하는 것이 당연하다. 물론 사업수익이 발생하지 않아 어쩔 수 없이 사업체를 정리해야 하는 경우도 있겠지만, 협동조합은 사업이 성공해서 수익이 많이 발생해도 말썽이 생기는 특수한 조직이다. 사업수익이 많이 발생해도 수익을 조합원들이 모두 나눠가질 수 없는 구조이기 때문이다. 당시에도 이런 문제가 발생했고, 구성원들은 혼란스러워 했을 것이다. 이때 하워드가 내놓은 해결책은 이윤을 출자금이 아닌 협동조합을 이용한 실적, 즉 이용고에 비례하여 배분하는 것이었다. 하워드의 제안에 따라 로치데일 협동조합은 이윤이 발생하면 우선 경비 등 관리비, 이자, 손실 충당금, 출자금 배당 등을 실시하고 남은 이윤에 대해서는 분기마다 이용실적에 따라 조합원에게 지급하였다.

이용실적에 따라 이윤을 배당한다는 원칙은 로치데일 협동조합이 자본주의에 뿌리를 내릴 수 있는 근거가 되었다. 오웬은 이용고 배당을 협동조합 공동체의 집단적 원리를 방해하는 개인주의 원리라고 비판하였는데, 로치데일 협동조합은 이용고배당을 실시함으로 조합원들이 협동조합을 이용하게 하는 원동력으로 작용하였다. 결국 로치데일 협동조합은 오웬주의 협동조합에서 배제되기는 했지만, 일개 직물공에 지나지 않았던 하워드의 이용고 배당을 받아들임으로서 로치데일 협동조합은 이전 협동조합과는 다른 길을 걷게 된 것이다. 무엇보다도 많은 반대에도 불구하고 이용고 배당을 실시해야 한다는 신념을 실천하고 노동자들의 자발적 참여를 유도하여 로치데일 협동조합의 성공을 견인한 것에 의의가 있다고 할 것이다.

⁝ 슐체 델리치(1803~1883)

슐체 델리치[34]는 1808년 독일의 델리치Delitzsch 지역 조그만 마을에서 시장市長의 아들로 태어났다. 슐체는 자신이 태어난 델리치에서 아버지인 아우구스트 슐체와 같이 마을의 재판관이자 시장이 되었으며 이때부터 경제적·사회적 약자를 지켜야 한다는 사명감을 갖게 되었다. 1846년 가난한 빵 수공업자들을 위한 원조위원회 설립에 참여하면서 수공업자들의 사정을 알게 되고 이후 노동자, 수공업자, 소상공인들의 경제 상태를 조사하는 국회 조사위원으로 활동하면서 그들을 빈곤에 이르게 하는 것이 고리대금에 있음을 발견한다. 이것을 계기로 본격적으로 신용협동조합 운동에 뛰어들게 된다.

당시에 독일은 은행업이 발전하고 있어 필요한 자본을 은행을 통해 조달 할 수 있었다. 하지만 은행들은 대자본을 필요로 하는 중공업 분야에만 자본을 제공할 뿐 가난한 자영농이나 영세업자들에게는 자본을 빌려주지 않았다. 이러한 상황에서 1849년 독일의 델리치 시에 제화업자 등 수공업자를 조합원으로 하는 '원료구매조합'이 설립되었다. 이 조합은 조합원들이 필요로 하는 원료를 대량으로 구매하여 저렴한 가격에 공급하는 지금의 사업자 협동조합과 같은 것이다. 원료를 대량으로 구입하기 위해서는 많은 자금이 필요한데, 이 자금은 조합원의 출자금과 조합원들의 연대 보증을 통해 차입하여 충당하였다. 조합원들이 연대보증을 하는 것은 가난한 조합원들이 서로 신용을 제공하는 것 외에 자본을 동원할 방법이 없었기 때문이다.

하지만 슐체는 이렇게 원료를 단순 구매하는 것만으로는 근본적인 해결책이 되지 못한다는 것을 깨닫고 1850년 '대부조합[loan Society]'을 설립하였다. 이 조합은 그 이름에서도 알 수 있듯이 부자들의 기부금과 무이자 차입금, 조합원의 출자금에 의존하여 조성된 기금을 조합원들에게 빌려주는 방식으로 운영하였으며 후에 도시 신용조합으로 발전한다. 하지만 슐체가 처음 설립한 이 협동조합은 자선적인 성격으로 조합원의 자조와 연대가 부족하여 운영에 어려움이 많았다. 조합원들이 적극적으로 참여하지 않아 자금을 적립하는 것도 어렵고 책임감도 약해졌으며, 일부의 자선적인 성격으로는 사업을 지속하는 데 많은 한계를 가지고 있었다.

1852년 고향으로 돌아온 슐체는 조합을 지속적으로 운영하기 위해서는 조합원들의 자발적인 참여와 스스로 자립할 수 있는 기반을 갖추는 것이 중요하다는 것을 깨닫고 대부조합을 다시 구성하게 된다. 조합이 스스로 설 수 있도록 조합원에게 출자금을 납부하도록 하고, 조합 경영에 책임을 지도록 하며, 수익이 발생하면 20%를 자본금으로 적립한 뒤, 출자금에 따른 배당을 지급하도록 하였다. 또한 조합원의 참여를 확대하기 위해 조합원으로 가입하지 않으면 대출을 해주지 않았으며, 대출 시에는 친지 및 지인 등 대인보증을 실시했다. 이러한 상호 부조 시스템은 크게 성공하여 1905년까지 1천개 이상의 신용협동조합이 설립되고 60만 명의 조합원이 참여한 거대협동조합으로 발전하게 된다.

슐체의 협동조합 사상은 1853년 발표한 그의 논문에 잘 나타나 있다.

> "협동조합의 원칙은 모든 인간에게 이익이 될 수 있는 일을 보증하는 것이다. 협동조합은 현재 사회에서 발견되는 가능성을 발전시키는 것을 통하여 그것이 실현되기를 기대하는 것이다. 즉 협동조합은 조합원들이 '1인은 만인을 위하여 만인은 1인을 위하여'라는 원칙을 받아들여 조합원의 생존에 필요한 보증을 제공받을 수 있는 조직이다. 전 국민에게 개별 조합을 보증하기 위

해서는 조합의 힘이 사회적으로 집중되어야 한다. 인간이 사회적으로 협동하는 것은 인간성에 뿌리를 두고 있기 때문이다."[35]

그는 사람과 사람의 연대를 통해 생존할 수 있다는 생각을 가지고 있었으며, 이를 실현하고자 하였다. 스스로 약자라고 생각하는 사람들이 자기 스스로를 돕는 자발적인 힘을 모을 때 강해질 수 있다는 것을 협동조합을 통해 증명하였다.

빌헬름 라이파이젠(1818–1888)

슐체 델리치가 수공업자를 중심으로 한 도시 신용협동조합의 성장을 이끌었다면, 빌헬름 라이파이젠[36]은 그 비슷한 시기 농촌 신용협동조합 설립을 주도한 인물로 평가할 수 있다. 농민의 아들로 태어난 그는 4살 때 아버지를 여의지만, 경건한 기독교 신자인 어머니를 통해 기독교적인 이웃사랑을 배우며 자랐다. 1843년 군 복무 중 눈병으로 인해 강제 퇴임하고 행정기관에서 일하게 된다. 2년 후 바이에르부시Weyerbusch의 시장이 되면서 주민의 대부분을 차지하고 있는 농민들이 심각한 빈곤 상태에 있음을 목격하게 된다. 상업농화 되기 시작한 농민들 대부분은 자본이 없어 농사철에 비료, 농약 등 농자재를 외상으로 구입한 뒤 가을철 수확물을 고율의 이자를 붙여 상환하는 악순환을 반복하고 있었다. 심지어는 수확이 끝나기도 전에 상인들에게 농산물을 헐값에 팔아버리는 일도 다반사였다.

1840년대 유럽은 아일랜드에서 감자마름병으로 시작된 극심한 대기근이 번져 수백만 명이 굶어 죽는 사태가 벌어진다. 라이파이젠은 1846년 프람멜스펠트Flammersfeld의 시장으로 재임하던 시절 개인 기부금을 가지고 농민에게 빵과 감자를 배급하는 대부조합을 시작하였다. 1849년에는 프람멜스펠트 구제조합을 설립하였는데, 이 조합은 고리대금에 시달리는 농민들을 구제하기 위한 목적이었다. 그러나 기부금에 의지한 대부조합은 개인의 도덕성에 의존하는 것으로 농민 스스로 자립할 수 있는 기반이 부족하였다. 이 시기에 라이파이젠은 슐체의 상호부조조합 개설 소식을 접하고 자조 · 자립의 중요성을 깨닫게 된다.

라이파이젠은 1862년 자조 · 자립의 원칙하에 4곳에 신용조합을 설립하였는데, 이것이 세계 최초의 농촌신용협동조합이며, 근대적 농업협동조합의 모델이 되었다. 이 조합은 철저하게 조합원을 중심으로 운영되었으며 조합원이 아니면 대출을 받을 수 없을 뿐 아니라, 조합원이 연대책임으로 운영자금을 차입하고, 이익금은 전액 적립하였다. 또한 조합의 조직은 마을단위로 소규모로 조직하여 상호 연대와 교류가 가능하도록 하였다. 무엇보다 라이파이젠은 예금을 강조하여 조합원이 예금을 하면 이 예금을 대출해주는 원칙을 세워 자립이 가능하도록 하였다. 농업인을 중심으로 한 라이파이젠의 신용협동조합은 반세기 만인 1905년에 13,000개 조합, 약 120만 명의 조합원이 가입하는 큰 성과를 거두게 된다. 신용사업을 주된 사업으로 시작했지만, 신용사업이 발전하자 구매, 판매, 이용 사업까지 확대하여 종합농협으로 발전하였기 때문에 라이파이젠 협동조합을 근대 농업협동조합의 원조라고 부르고 있다.

라이파이젠은 사람의 빈곤과 의존사이에 밀접한 관계가 있다고 생각하고, 빈곤과 싸우기 위해서는 먼저 의존성과 싸워야 한다고 강조했다. 그의 생각은 '3S'즉, 자조[Self-Help], 자립[Self-Governance], 자기책임[Self-Responsibility]의 원칙으로 요약할 수 있다. 라이파이젠은 이 3S가 협동조합으로 해결될 수 있다고 믿었다. 이러한 라이파이젠의 조합 운영원칙은 로치데일 운영원칙과 더불어 세계 농업협동조합의 운영원칙으로 자리 잡게 된다.

헤르만 슐체 델리치[37)]

프리드리히 벨헬름 라이파이젠[38)]

그림 3 독일 협동조합의 선구자들

무위당 장일순(1928–1994)

서구의 협동조합 운동보다는 늦었지만, 우리나라도 협동조합 운동의 선구자들이 많이 있다. 많은 선구자들 중에서 원주를 중심으로 협동운동을 펼친 무위당 장일순 선생에 대해 알아보자.

장일순 선생은 1928년 강원도 원주에서 태어나 잠시 학업을 위해 서울에서 생활한 것을 제외하고는 평생을 고향인 원주에서 생명운동과 생협운동을 실천하였다. 어린 시절 조부로부터 한학을 익히고, 천주교에서 영세를 받았는데 평생 삶의 일부분이 되었다. 특히 천주교는 훗날 지학순 주교와 인연을 맺게 했으며, 선생의 사상과 활동에 크게 영향을 미치게 된다.

선생은 17세에 경성공업전문대학(서울대학교 공과대학의 전신)에 입학하였으나, 미국 대령이 대학교의 총장으로 취임하는 것을 반대하는 학생운동에 연루되어 제적되고, 그 이듬해 다시 서울대학교 미학과에 입학하였다. 이후 학업을 마치기도 전인 1950년 6 · 25 전쟁으로 학업을 중단하게 되어 고향 원주에서 활동을 하게 된다. 57년에 도산 안창호 선생의 뜻을 계승하기 위해 원주 대성학원을 설립하고 5년간 이사장으로 봉사하던 중, 5 · 16 군사 쿠데타 직후 군사정권에 의해 3년간 옥고를 치르게 되면서 정부기관의 극심한 감시와 사찰을 당해 활동에 크게 어려움을 겪는다.

탄광이 발달한 강원도는 석탄 산업이 기울기 시작하면서 1960년대 이후 피폐해지기 시작한다. 선생은 1968년에 가난과 오염으로 피폐해져 가는 농촌과 광산촌을 살리기 위해 강원도 일대에서 신용협동조합 운동을 본격적으로 시작하였다. 동시에 지학순 주교 등과 독재 정권에 대한 저항 및 민주화 투쟁을 활발하게 펼치기 시작한다. 지학순 주교는 협동운동과 사회운동에서 장일순 선생의 동지였는데, 1966년 원동성당에서 원주신협을 조직하는 것을 시작으로 이후 문막, 단구, 주문진, 삼옥신협 등을 만든다. 1969년에는 진광학원 부설 협동교육 연구소를 설립하고, 협동조합 교육을 통해 협동운동을 크게 부흥시키는 역할을 한다.

그런데 선생은 70년대 협동운동은 신협을 제외하고 모두 어려움에 처했다는 결론을 내리게 된다. 그 이유는 협동운동의 이념적 토대가 취약했기 때문이라는 것이다. 이후 선생은 생명을 억압하고 소외시키며, 삶의 질서에 대항하며 살아있는 생명으로서의 인간의 생명을 회복하는 광범위한 운동을 전개하기로 결심한다. 따라서 77년 기존의 노동운동과 농민운동을 공생共生의 논리에 입각한 생명운동으로 전환하기로 결심하였으며, 83년 도농직거래조직인 '한살림'을 창립하고 우리나라 생명운동과 협동조합의 토대를 구축하게 된다.

'경쟁에는 협동이 없고, 혼자서는 게임을 할 수도 없다. 게임을 하려면 여럿이 같이 있어야 한다. 오늘날의 문화는 게임에서 이긴 사람만 대접을 받고, 진 사람은 대접을 못 받는다. 그러나 이긴 사람의 영광은 게임에서 진 사람이 뒷바라지를 해주었기 때문이다. 즉, 패자 없는 승리의 영광은 있을 수 없다. 우리가 진짜 해야 될 것은 이 어려운 시기에 성실하게 생활을 나누고 서로 아끼고, 이 땅의 사람들이 사람답게 사느냐 하는 일이 우리가 지금 현재 해야 할 일이다. 우리의 생명운동, 협동운동은 이런 것이다.'[39]

선생은 평소 강연이나 교육을 통해 함부로 낭비되는 물질은 결국 자기 소멸이 될 수밖에 없다는 것을 강조하였다. 자연과 자연, 자연과 사람, 사람과 사람이 하나가 되는 연대 관계 속에서 투쟁의 논리가 아닌 화합의 논리, 서로 협동하는 논리를 강조하였다. 그러한 시각은 한살림의 철학적 바탕이 되었다.

한살림 운동은 이전에 존재해오던 소규모 유기농산물 직거래 조직을 전국적인 도농직거래 체계로 확대 구축하는 생활협동조합이다. 그러나 장일순 선생은 한살림은 단순한 소비만이 아니라 협동적인 공생의 질서를 지향하는 이념이 바탕이 되어야 한다고 주장하였다. 이러한 이념적 근간은 산업혁명 이후 서구에서 공동체의 파괴와 노동소외, 착취 관계를 극복하기 위해 출발한 협동조합의 이념과 맥을 같이 한다.

'나혼자 잘살기 위해 무공해 식품을 먹어봤자, 집 밖이 오염되어 있다. 지구가 병이 들고 숨쉬기 어려운 정도로 오염된 것은 인간의 욕심에서 비롯한 것이다. 자연을 보호하자면서 자연을 착취하는 생산을 하고 있다. 병주고 약 주는 것처럼…중략…원인에 대한 방향 전환을 해야 한다. 무농약 식품을 먹는다 안 먹는다는 차원이 아니다. 우리가 지구상에서 계속 살 수 있느냐, 없느냐 하는 차원이다.'[40]

선생은 인간의 욕심 때문에 생명을 살리는 농업이 죽어간다고 보았다. 농민들이 돈벌기 위한 수단으로 생산을 하고 있어 농업이 공업화되고, 농약 등의 과도한 사용이 오히려 농업과 농촌의 생명력을 잃게 한다는 것이다. 따라서 근본적인 해결을 위해서는 생명을 살리기 위한 행동이 먼저라는 것이다.

'한살림은 모두가 하나가 되자는 운동이다. 산업 문명에 있어서 경쟁과 효율을 따지면서 모두 이용의 대상이 되는데, 그렇게 해서는 살 수 없다. 생명이 존재하기 어렵기 때문이다…중략… 소비도 마찬가지다. 우리는 아직까지 경쟁의 시대에서 인간의 편리함만 생각하고 그러한 시대에서 온 습관 때문에 자기 자신만을 생각하는 인간의 횡포와 독선이 자연을 망가뜨렸다. 우리가 병 안 걸리고, 올바르게 살기 위해 먹거리를 건강하게 가져오는 것은 우리뿐만 아니라, 농사짓는 사람이 살아야 하기 때문이며, 우리 이웃도 살아야 하기 때문이다.'[41]

이러한 생각을 가지고 생명운동과 협동운동에서 연대를 강조했다. 선생은 한살림 뿐만 아니라 유사한 다른 조직들과 연대해야 사회가 옳은 길로 나아갈 수 있으며, 연대를 통해 협동운동의 확대가 가능하다고 보았다. 선생은 '나락 한 알에 우주가 있다'는 말을 강조하였다. 이는 '풀 하나, 돌 하나, 나락(씨앗) 하나도 땅과 하늘이 없으면, 물과 빛이 없으면, 공기가 없으면, 미물들이 없으면, 이 우주가 없으면 나락 하나가 되지 않기 때문에 그 나락 한 알이 온 우주이며 하늘이다'는 선생의 사상이 잘 담겨져 있다.

그림 4 무위당 장일순 선생[42]

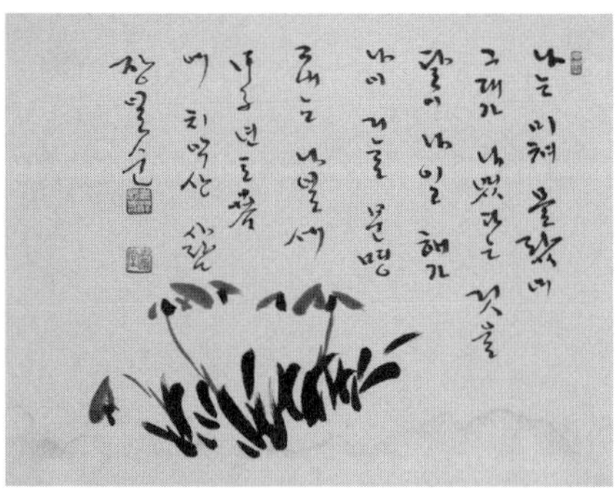

그림 5 선생의 서화[43]

다. 협동조합의 전개 과정

산업혁명 이후 자본주의가 나라별로 다양한 모습으로 발전해 온 것처럼 협동조합도 다양한 모습으로 태어나고 발전했다. 자본주의가 유럽에서 발전한 것처럼 협동조합도 유럽에서 시작되어 세계 전역으로 확대되었고 각 나라의 경제구조와 특징을 반영하여 차별화된 형태로 발전하였다. 앞서 협동조합의 사상가들과 실천가들을 살펴보았는데, 여기에서는 협동조합이 그러한 시대적, 경제적 상황을 배경으로 어떻게 전개되었는지 살펴본다. 특히 영국 소비조합, 프랑스 생산조합, 독일 신용조합의 전개 과정을 중심으로 살펴본다.

로치데일 공정선구자 협동조합 – 영국의 소비조합

역사학자들은 협동조합이 현재와 같은 사업[business]체의 성격으로 조직되기 시작한 것은 19세기 중반 영국의 로치데일Rochdale협동조합[44]이라는 데 의견을 같이 한다. 물론 그 이전부터 노동자조합운동의 형태로 사회적 · 경제적 협동 조직체는 있었으나 협동조합이라는 이름이 성공적으로 정착한 최초의 조직체가 바로 로치데일 협동조합이기 때문이다.

로치데일 협동조합을 시작한 28명의 사람들은 스스로를 개척자[Pioneers]로 생각하였으며, 실제 그들은 협동조합을 뿌리내린 선구자들이었다. 그들은 사업을 통해 그들이 가지고 있던 이상과 사상을 실천하고자 하였다. 섬유직공, 제화공, 캐비넷 제작공 등의 직업 노동자였으나 민주주의와 공정한 사회를 만들고자 하는 이상[ideal]을 가진 사람들이었다.

로치데일 협동조합이 처음부터 성공했던 것은 아니다. 처음 시도는 1833년 로치데일에서 소비자협동조합의 작은 움직임이 일어났다. 윌리엄 킹의 협동조합 사상에 영감을 받은 제임스 스미스와 동료들이 '로치데일 우애협동조합'이라는 이름으로 협동조합을 시작했다. 그들은 협동사상을 공유하고 점포 개설도 했으나, 외상 판매 등으로 뜻을 이루지 못하고 2년 만에 문을 닫는다. 하지만 1844년 로치데일의 토드레인Toad lane에 근대적인 점포를 개설하게 되면서 협동조합 형태를 갖추게 된다.

로치데일 협동조합은 플란넬 직공들의 파업에서부터 시작된다. 초기부터 로치데일협동조합에 참여했던 조지 제이콥 홀리요크[45]는 이러한 과정을 자세하게 기록하고 있다. 1843년 로치데일의 주요 산업이었던 플란넬 제조업은 호황을 이루고 있었다. 다른 노동자들보다 특히 임금이 낮았던 직공들은 임금인상을 요구하기로 하고 고용주들과 협상을 시작한다. 하지만 각각의 공장에서 다른 고용주들이 먼저 임금을 인상하면 자기들도 그렇게 하겠다고 했으나, 어느 고용주도 먼저 임금을 인상하지 않는다. 노동자들은 요구를 관철시키기 위해 노동자 대표를 선출하여 대화를 시도했으나 고용주들은 상대조차 하지 않는다. 오히려 노동자 대표가 되면 고용주에 의해 '불평 많은 골칫거리'로 취급되어 공장에서 해고되는 '상시실업' 상태에 빠지게 되었다. 따라서 노동자들은 고용주와 면담하기 위한 대표를 뽑기 위해 토론을 거듭하게 된다. 계속되는 파업과 폭력, 고용주의 변명과 거부로 인해서 노동자 대표를 뽑기 위해 시작한 토론은 결국 다른 방법으로 목적을 이루기로 결심한다. 그 위대한 시작을 홀리요크는 이렇게 기록하고 있다.

그들은 마법의 부적이라고 해야 할 2펜스에 의지하기로 했고, 그것으로 분명히 세계를 구원하리라 생각했다. 그들은 스스로 공장을 경영하고 고용주가 되기 위하여 이전부터 해왔던 매주 2펜스의 모금을 계속하기로 했다. 하지만 인원이 너무 적었기에 2펜스씩 모아 그들이 원하는 액수에 이르기까지는 꽤 긴 시간이 걸릴 것이라고 모두들 느끼고 있었다.[46]

대단하지 않은가? 저임금에 시달리던 노동자들이 계속되는 파업과 고용주와의 협상에서 실패하자 스스로 경영주가 되겠다고 나선 것이다. 하루하루 끼니를 걱정해야 할 그들이 자신들의 삶을 개척하기 위해 겨우 2펜스이지만 함께 하기로 한 것이다. 선구자들은 협동조합의 목적을 다음과 같이 선언했다.

우리 조합의 목적은 조합원의 경제적 이익과 가정과 사회의 상태를 개선하기 위해 여러 시설을 갖추는데 있다. 이를 위해 각자 1구좌 1파운드씩을 출자하여 충분한 자본을 모으고 다음과 같은 계획을 실행하고 시설을 설치한다.[47]

- 식료품, 의류 등을 판매하기 위한 매장을 연다.
- 가정과 사회 개선을 위해 조합원이 살 집을 건축, 매입한다.
- 실업 또는 계속되는 임금 체불로 고통 받는 조합원에게 일자리를 마련하기 위해 조합이 결정한 물품을 직접 생산한다.
- 조합원의 행복과 안전을 높이기 위해 실직 중이거나 임금을 충분히 받지 못하고 있는 경우 조합원이 경작할 약간의 땅을 사거나 빌린다.

19세기 중반에 역사적으로 어느 누구도 시도하지 못했던 목표와 계획들이다. 로치데일 협동조합을 협동조합의 시작이라고 부르는 이유가 여기에 있다. 오늘날 우리에게 익숙한 소비자협동조합, 주거협동조합, 의료협동조합, 사회적협동조합 등의 구상이 이미 당시에 세워진 것이다. 뿐만 아니라 파격적이기까지 한 생산, 분배, 교육 및 자치를 갖추기 위해 공동체 건설을 계획하기도 한다.

로치데일 선구자들의 목표는 얼마나 이루어졌을까? 홀리요크에 따르면 15년 후에 거의 절반 이상의 목표를 이루었다고 하였다.

그들의 원대한 목표와 이상에 비하여, 출발 당시 그들의 모습은 초라했다. 각자 1파운드[48]의 출자금을 납부할 경제력이 없어서 매주 2펜스를 모아야 했으며, 그마저도 여력이 없어 낼 수 없는 사람이 많았다. 1펜스는 1/100파운드이니 매주 2펜스를 모은다고 해도 1파운드를 모으려면 약 1년이 걸린다. 마침내 28파운드를 모금하여 허름한 창고를 10파운드에 빌리고 비품을 갖추고 나니 물품을 구입할 돈이 15파운드 밖에 되지 않았다. 우여곡절을 거쳐 1844년 드디어 점포를 열었으나, 판매할 물품이라고는 적은 양의 밀가루와 버터, 사탕, 귀리뿐이었다. 그들 스스로도 초라해서 주저할 정도였다. 아직은 도시가 제대로 만들어지지 않은 골목한 귀퉁이 음침한 창고에 모여 앉아 누가 용기 있게 문을 열지 의논하는 그들의 모습은 얼마나 초라했는지 상상이 가는가. 의논했다고 하는 것은 한마디로 서로 창피당하기 싫다는 의미였을 것이다.

> 누군가는 "나는 하기 싫다"고 했고, 또 누군가는 "문을 열고 매장을 보여주기 싫다"고도 말했다. 그러나 일이 여기까지 온 이상, 앞으로 나아가야만 한다.[49]

당연히 토드레인 사람들의 반응은 비웃음으로 가득 찼다. 경쟁상대가 나타난다고 긴장했던 상인들도, 호기심에 몰려든 소년공들도 모두 비웃고 조롱했고, 비평가들은 계속해서 실패를 지적했다. 조합원들의 초라한 모습 이면에는 우리도 힘을 합치면 못할 일이 없으리라는 기대감 또한 넘쳤을 것이다. 그러나 로치데일협동조합 사람들은 성공으로 답했다. 거대한 목표에 비해 그들의 운영원칙은 간단했다.

순정한 품질, 적정한 양, 정직한 눈금, 공정한 취급, 정직한 판매, 이러한 원칙들은 일반 매장보다 조금 싼 가격으로 판매하는 것보다 훨씬 중요한 문제로 여겼으며 결국 그러한 원칙이 협동조합이라는 비즈니스 모델을 성공하게 만들었다.

> 1844년 28명의 조합원이 28파운드를 가지고 시작했으나 13년 만인 1857년 조합원 1,850명으로 66배가 늘어났으며, 자본금은 15,142파운드로 무려 658배가 늘어났다. 연간 거래액은 710파운드에서 79,788파운드로 성장하였다.[50]

로치데일의 역사는 성공의 기록이 아닌 성공과 실패, 논쟁의 기록이다. 빗자루 하나의 예산을 9펜스로 할 것인지, 13펜스로 할 것인지 13명의 노동자 위원들이 밤을 새워 토론하면서 민주적 운영방침을 확립하는 과정은 시간과 열정을 낭비하는 것처럼 보였을 것이다. 이기심을 표출하는 사람들을 이해시키고, 갈등하는 사람들을 조정하고, 반대하는 사람들을 설득하고 실패한 사업을 처리하는 과정이 로치데일 협동조합의 역사이자 협동조합의 참 모습이다.

그들이 협동조합을 운영하기 위해 세운 원칙들은 고스란히 후대의 협동조합 원칙의 모범이 되어 지금도 지켜지고 있다. 로치데일 협동조합은 이후에도 지속적으로 발전하여 협동조합 연합조직이 되었으며, 지금까지도 영국도매연합회라는 이름으로 활동하고 있다.

: 프랑스 – 생산협동조합

소비조합의 형태를 취한 협동조합이 영국에서 먼저 발생한 반면, 프랑스에서는 생산조합 형태의 협동조합이 발생하였다. 프랑스 협동조합의 선구자들로는 마르크스가 '공상적 협동조합주의자들'이라고 불렀던 앙리 드 생시몽[51], 샤를 푸리에[52]와 필립 뷰세 등이 있다. 생시몽과 푸리에는 유토피아 사회주의자로 협동조합 운동을 직접 하지는 않았으나, 인간에 대한 이해를 바탕으로 생산 공동체 등을 주장하여 프랑스 협동조합 실천가들에게 영향을 미쳤다.

영국이 산업혁명으로 자본주의가 한참 발전하고 있을 시기인 1848년 프랑스는 시민 혁명을 달성하여 자유 · 평등이라는 근대 시민 사상을 이룬다. 프랑스의 산업혁명은 프랑스혁명 이후 본격적으로 시작되었는데 영국보다는 50-60여 년 늦게 일어났다. 공업부문에서는 프랑스혁명을 계기로 중세 수공업자들의 동업조합인 길드제도가 붕괴되고, 공장제 수공업으로 대체되었다. 길드는 상인길드, 수공업 길드 등으로 봉건시대의 산물로 인식되어 혁명으로 인해 해체되었다.

공장제수공업은 증기엔진 등 발달된 기술에 의한 생산체계가 아닌 가내 수공업자들이 한 건물 안에 모여 협동생산을 하는 것으로 수공업에 의한 생산체제를 말한다. 노동자 혹은 기술자 상호간에 교섭을 갖지 않고 개인적이고 주관적으로 이뤄지는 가내수공업과는 달리 분업을 성립시키게 되어 자본주의적 성격을 띤 공업형태라 할 수 있다. 하지만 노동자들을 많이 고용하는 공장제 생산이 아닌 소규모 자영업자 즉 매뉴팩처 manufacture가 많이 남아있게 되었다.

이러한 생산단계는 가내수공업 단계에서 인간의 숙련에 대치되는 기계의 발명과 대체가 이루어지는 공장제 공업으로 발전하는 단계에서 과도기적으로 나타난 단계라 할 수 있다. 매뉴팩처에 의한 생산은 기계의 비밀을 독점하기 위해 도입했던 영국의 기계수출 금지가 해제된 1825년에 비로소 기계를 수입하게 되어 산업혁명이 본격적으로 진행되기 시작한다. 하지만 프랑스의 산업혁명 속도는 영국보다 비교적 완만하게 진행된다. 산업혁명이 느리게 진행되어 농업노동력의 공업노동력으로 이동이 상대적으로 적은데다, 시민혁명으로 봉건 귀족과 승려들이 소유하고 있던 많은 토지가 중소농업인들에게 분배되어 소규모 농지를 가진 많은 자영농이 발생하게 된다. 따라서 이들 자영농 혹은 자영업자들은 영세한 규모를 확대하기 위해 자본이 필요하게 되었고, 협동을 통해 자본을 확보할 수 있게 되었다.

산업혁명이 발생하기 시작하면서 생산수단을 소유한 자본가와 노동자 사이에 갈등이 발생하고 이를 해결하고자 하는 노동운동가들이 생겨나게 되었다. 과도기적 공장제수공업 시기에 수공업 생산에 종사하는 노동자나 자본주의적 공장제 공업에서 일하는 노동자 모두 노동자 생산조합을 조직하여 생산수단을 직접 소유한다면, 노동에 의한 수익이 자본가가 아닌 노동자의 것이 될 수 있다고 주장한 필립 뷔세가 대표적인 인물이다.

그는 노동과 자본의 분리가 노동자를 빈곤에 처하게 한다고 판단하고 노동자와 생산수단을 결합한 조합을 구상하여 1831년 파리에 '목공노동자 생산조합'을 결성한다. 이 생산조합은 노동자로 조직되고, 노동자가 자본과 노동을 제공하여 공동으로 생산하고 순이익의 80%는 조합원의 노동일수에 따라 분배하고, 나머지 20%는 기금으로 적립한다는 원칙을 세웠다. 하지만 뷧세의 생산조합은 조합원의 이익이 감소하는 것을 막기 위해 신규 조합원의 가입을 거부하여 진정한 의미의 협동조합은 아니라는 비판을 받기도 한다.

프랑스의 협동조합은 생디칼리즘Syndicalism 즉 생디카운동이 주도하게 된다. 이 생디카운동은 혁명적 조합주의 또는 노동공산주의라고도 불리며 노동자계급의 활동을 통해 권력을 가진 자본가 사회를 붕괴시키는 것을 목적으로 하는 운동이다. 이러한 급진적인 전략은 보통선거가 실시되던 당시 상황과는 적절하지 않은 것이었고 철도 노조의 대규모 파업 이후 동력을 잃고 쇠퇴하게 된다. 한편 19세기 중반 서유럽은 심각한 농업공황을 맞이하게 된다. 이 공황은 미국의 값싼 농산물이 유럽에 대량으로 들어오게 되어 생산비가 비싼 유럽 농산물이 미국 농산물과 경쟁할 수 없게 된 상황을 말한다. 특히 유럽의 다른 나라보다 토지 면적이 작고 지대地代가 비싼 프랑스는 농업의 생산합리화를 위해 생디카 운동을 전개하게 된다. 낮은 생산단계를 벗어나기 위해서는 공동생산을 통한 생산합리화가 이루어져야 한다는 농업생디카로 발전한다.

농업생디카는 생산력을 높이기 위한 공동의 협력을 강조하여 경제적인 성장을 가져오게 된다. 이 농업생디카는 프랑스 농업생산자 협동조합(생산동업조합) 운동으로 이어지게 되어 이후 이탈리아 등 유럽으로 확산되어 발전한다. 프랑스 생산동업조합은 농업의 개량과 공동 작업을 목적으로 하였을 뿐 공동구매와 공동판매는 금지되었다. 이후 1901년 법 개정으로 공동구매 · 판매가 가능하게 되어 실질적인 근대 농협으로 발전하게 된다.

: 독일 – 신용협동조합

영국이 소비조합의 태동을 이끌었다면, 프랑스는 생산조합을 발전시켰으며 독일은 신용조합의 틀을 완성한 나라라고 할 수 있다.

독일의 산업혁명은 영국보다 한 세기나 늦은 1850-1870년경에 시작되었다. 독일 산업혁명의 특징은 중세 봉건적 시스템이 아직 많이 남아 있는 토대 위에서 영국으로부터 발달된 공업기술이 들어오면서 시작되었다. 따라서 독일의 산업혁명은 공업혁명이 아닌 열악한 농업이나 자영업에서 수공업적 생산을 중심으로 이루어졌으나 부분적으로 공업기술을 받아들여 공업생산을 하기도 했다. 독일은 산업혁명이 먼저 일어난 영국이나 프랑스에 비해 특히 공업부문에서 후진국이었으며, 영세한 농민이나 자영업자들의 원활한 자본 조달을 위한 신용협동조합이 먼저 발전하게 된다. 오늘날 인도 등 개발도상국에서도 신용조합이 먼저 조직되고 다른 협동조합보다 빠르게 발전하는 것은 당시 독일에서 신용조합이 태동한 것과 유사한 현상이라 할 수 있다.

앞서 언급한 것처럼 산업혁명은 공업 생산력의 증가와 더불어 농업부문 등 사회 전반의 생산능력의 향상을 가져왔다. 공업의 발달은 인구의 증가와 인구의 도시집중 등을 가져와 식량증산의 필요성이 커지게 되었다. 또 상업과 교통의 발달은 자급자족적 농업생산에서 상품 생산적 농업으로 발전을 가져온 반면 농지를 더욱 세분화시켰다. 식량수요가 증가하여 곡물가격이 상승함에 따라 농업인의 생산의욕도 높아졌다. 따라서 우리가 잘 알고 있는 삼포식 농업, 윤작법과 화학비료 등 신기술은 독일에서 시작되고 발달했다. 상업생산을 위해서는 우선 자본이 필요하다. 더 많은 생산을 위해서 토지를 확대해야 하고, 종자를 개량하고, 비료와 농약을 더 많이 필요로 하게 되었고, 이는 농민으로 하여금 더 많은 자본을 요구하게 되었다.

당시 영세한 농업인들이 생산활동에 필요한 자본은 어떻게 조달하였을까? 당시에 독일은 이미 근대적인 은행업이 발달하고 있었다. 하지만 은행들은 대부분 공업부문의 자본가들을 위한 은행이었을 뿐 서민들에게는 굳게 닫힌 문이었다. 당연히 농업인들은 귀족이나 상인들에게 엄청난 이자를 주고 고리대금을 빌릴 수밖에 없었을 것이다. 고리대금은 빌리는 순간부터 돈이 아니라 농업인의 피와 살을 요구하게 된다. 유명한 셰익스피어의 희곡, '베니스의 상인'에서는 안토니오가 고리대금업자 샤일록에게 빚을 졌다가 목숨을 잃을 뻔한 이야기가 펼쳐진다. 이것이 고리대금이다. 그리고 그러한 일은 연극이 아닌 현실에서도 경제적 약자인 농업인들을 괴롭혔던 것이다.

농업인들은 고리대금을 주고 돈을 빌리지만 결국 수확도 하기 전에 수확물은 전부 귀족이나 상인에게 돌아가 버린다. 슐체와 라이파이젠은 이러한 상황을 목격하고 그 고리를 끊어버리기 위해 신용협동조합을 조직하게 된 것이다.

독일은 19세기 중반까지도 도시에는 수공업자나 상인이 농촌에는 독립자영농 등이 여전히 많이 남아 있었다. 독립 자영농의 발생은 농민들이 상업농화 된다는 의미이며, 농업생산에 많은 자금이 필요하게 된다. 농민들은 자금이 부족했고 어쩔 수 없이 귀족이나 상인에게 자금을 빌릴 수밖에 없었다. 지금의 사채와 같은 고리대금업이 성행하게 된 배경이다.

슐체계 협동조합은 처음에는 도시 소생산자들의 원료구입 조합으로 출발하여 도시 신용조합으로 발전하였다. 독일 협동조합 운동은 영국이나 프랑스에 비해 늦게 일어나게 되지만 최소한의 시행착오로 근대적인 협동조직으로 바로 이어지는 특징을 가지고 있다. 이 슐체의 도시 신용협동조합은 나중에는 생산물의 판매를 위한 판매조합을 겸영함으로써 중소기업자의 신용 · 구매 · 판매조합이 되었다. 그 후 슐체계 조합은 1859년에 연합회를 조직하였는데 이 연합회에는 신용조합 외에 그 동안 발생한 수공업자나 노동자 소비조합도 가입하여 회원조합수가 800여 개에 이르렀다. 물론 가입조합의 대부분은 신용조합이었다. 그런데 1920년경에 이르러 슐체계 연합회에 가입했던 노동자 소비조합들은 슐체계의 소시민적 성격에 불만을 품고 대부분 탈퇴하였다. 이에 따라 슐체계 협동조합은 다시 도시 신용조합을 중심으로 한 중소기업자의 조합으로 재편하게 되었다.

한편 라이파이젠계 협동조합은 농촌을 중심으로 신용사업을 주축으로 출발하여 구매 · 판매 사업을 겸영하는 종합농협 성격으로 발전하게 되었다. 그리고 라이파이젠계 협동조합은 신용 · 지도 · 구매 등 세 가지 사업을 주축으로 하는 연합회를 조직하게 되었다. 신용사업 부문은 개별조합의 자금 과부족을 조절하기 위하여 1876년에 개별조합을 주주로 하여 주식회사 형태의 농업 대부금고를 설립하였다. 라이파이젠계 조합은 신용조합을 주축으로 하고 있지만 다음과 같은 특징을 가지고 있었다.

(가) 농촌 협동조합 운동으로서 중농계층을 주축으로 함.

(나) 신용사업이 중심이면서도 80% 이상이 여러 가지 사업을 겸영하고 있어 종합농협의 성격을 띠고 있음.

(다) 조합의 기본성격도 지역적 연대성을 기초로 하고 있었다. 이는 조합재산의 공유개념과 함께 농업의 사회화를 유도하는 사회민주주의 사상에 접근한 것이라 할 수 있음.[53]

비슷한 시기에 독일에서는 하스W. Haas.(1839-1913)계의 농협이 설립되어 활동하였다. 그는 법률학을 전공하였으나 농촌문제에 관심을 갖고 농업인과 밀접하게 접촉하였다. 라이파이젠 생존시에는 그의 사상에 따라 주로 농촌 구매조합의 설립에 힘썼으며, 1872년에는 헤센 지방에서 농촌 구매조합을 설립하기도 하였다. 종교적인 색채가 강한 라이파이젠에 반대하여 다른 협동조합연맹을 조직하기도 했으나 1888년 라이파이젠이 사망한 이후에는 독일의 농협운동을 전담하다시피 하였고, 라이파이젠의 운영원칙을 많이 수정하여 운영하였다.

그는 극단적인 출자를 반대하던 라이파이젠과 반대로 슐체의 원칙을 절충하는 형태로 협동조합을 운영하였다. 특히 협동조합이 정치적 · 종교적으로 이용되는 것을 방지하기 위해 노력했으며, 연합조직을 통한 획일적인 운영보다는 지역적으로 자율성을 부여하였다. 이처럼 독일협동조합 운동은 슐체, 라이파이젠, 하스 등에 의해서 수정되고 보완되면서 신용협동조합과 농업협동조합을 유럽 전역으로 확대하게 된다.

요약하면 영국은 오웬주의자들에게서 소비조합이 발전하게 되고, 프랑스는 푸리에 등에 의한 생디카운동의 영향으로 농민중심의 생산조합이, 독일은 라이파이젠과 슐체에 의해서 신용협동조합이 생성 · 발전하였다. 이와 같이 영국의 산업혁명을 계기로 발전한 협동조합은 프랑스와 독일을 거치는 과정속에서 많은 시행착오를 겪으며 협동조합의 가치와 이념을 담은 운영원칙이 제정되는 등 완벽한 협동조합으로 발전하게 되었다.

우리나라 – 농업협동조합의 성장

서구의 다양한 협동조합의 기원과 출발에 대해 간략하게 살펴보았다. 그렇다면 우리나라 협동조합은 어디에서 출발했을까? 협동조합 연구자나 학자에 따라 관점이 조금씩 다르기는 하지만, 우리나라의 가장 대표적인 협동조합이라 할 수 있는 농업협동조합의 출발과 성장에 대해 이야기해보자.

19세기 협동조합 초기 선구자들은 자신들의 사회적 · 정치적 주장을 협동조합 조직을 통해 실현시키려 했다. 우리나라도 초기 많은 협동조합 선구자들은 자신들의 경제적 · 사회적 목표달성을 위해 협동조합을 조직하였다. 그러나 자주적이며 자조적인 협동조합이 출발하고 태동하는 시기에 우리나라는 일제의 강점에 놓이게 된다. 농업협동조합에 대한 가장 주된 비판의 하나는 협동조합의 출발이 정부 주도에 의한 것으로 진정한 의미의 협동조합이 아니라는 비판이다. 물론 우리 농협이 일제 강점기 '관제농협'으로 시작되었으며, 정부 정책에 의하여 1961년 종합농협으로 출발하였다.

하지만 한국 협동조합운동사에서 정부주도의 관제조합[54](금융조합)은 협동조합이 아니며 한국 협동조합운동의 시작은 일제 침략기인 1920년 경북 상주군 함창면에서 조직된 '함창협동조합'을 시작으로 100여 개의 협동조합이 자발적으로 전개되었다는 것이 일반적 견해다. 따라서 정부주도의 관제조합이 아닌 자주적인 협동운동이 우리 농업협동조합의 뿌리라고 보는 것이 합당하다. 그 이후 1925년에는 서울기독청년회[YMCA]를 중심으로 농업협동조합을 조직하여 전국에 720여 개의 협동조합이 조직되었다.

농협은 이들 조직들이 일제관제조합에 대항하여 향약, 두레, 계 등 전통적인 이념을 서구 협동조합제도로 담아내는 협동조직에 뿌리를 두고 경제자립, 농민계몽, 사회적 단결을 이끄는 운동이었음을 강조하고 있다. 따라서 우리나라 협동조합 초기 역사에서 정치적 목적에 의해 정부 영향을 받은 것은 사실이지만 자주적이며, 자조적인 출발이었다는 것을 부인할 수 없으며, 정부 주도형이라는 농업협동조합의 정체성에 대한 의심의 눈초리는 다소 억울한 면이 있다.

우리 협동조합 역사에서 초기 민간협동조합 운동의 자생적이고 자주적인 조직들은 일제의 탄압에 의해 강제 해산되거나, 경영미숙 등으로 빠르게 소멸되었다. 해방 이후 농업협동조합법이 제정되어 합법적인 협동조합으로 인정받기까지 전통적인 협동조직들은 협동조합의 이념적, 정신적 기반이 되었으며, 많은 조직들이 자생적으로 만들어지고 유지되었다. 한편 금융조합과 같은 일제의 관제협동조합은 자생적 협동조직들이 발전하는 것을 방해하고 억압하였다. 한국 농협이 일제하 금융조합의 재산 및 시설 등의 물적 기반을 활용한 측면이 있었으나 그렇다고 해서 관제조합에서 한국 농협의 정체성을 찾을 수는 없을 것이다. 따라서 한국 농협은 민간 협동조합 운동의 정신을 계승하되 과거를 통해 현재를 성찰하는 계기로 삼아야 할 것이다.

해방 이후 협동조합법 제정을 기다리던 농민조직은 1952년 각 시군별로 지도자를 선발하여 교육하고 '농촌실행협동조합'을 추진하였다. 농촌실행협동조합은 1955년 13만여 개의 이동조합, 146개의 시군조합으로 성장하였으나 1957년 농협법이 제정되면서 합법적인 협동조합으로 인정받지 못하고 해산하게 된다. 이후 1957년 농업협동조합법이 국회를 통과하게 되었다. 이때의 농협법에 의해 농협은 3단계, 4종류[55] 체제로 구성되고, 사업에 있어 이동조합은 여신업무, 시군농협은 경제사업, 중앙회는 경제사업과 지도교육 사업만을 행하도록 하였다. 하지만 경제사업은 농협에서, 신용사업은 농업은행으로 이원화되어 자금조달능력이 부족한 농업인은 정부나 농업은행으로부터 자금지원이나 경제적 지원을 받지 못하고 경영면에서도 고전하게 된다.

우리나라 농협의 자주성은 60년대 군사정부가 들어서면서 크게 훼손되기 시작한다. 1961년 군사정부에 의해 농협법과 농업은행법은 폐기되고, '농업협동조합법'이 공포되었다. 농협이 종합농협으로 발족하면서 농협조직은 2만 1,042개소의 이동조합, 140개소의 군조합, 101개의 특수조합으로 구성된 농협중앙회가 출범하게 된다. 또한 농협법에 의해 이동농협은 조합장을 이사회에서 호선하고, 이사 및 감사는 조합원 총회에서 선출하며, 군조합과 특수조합도 조합원 중에서 선출하도록 되어 있었다. 그런데 1962년 농협의 건전한 육성을 기한다는 명목 아래 조합장을 중앙회장이 농림부장관의 승인을 얻어 임명하도록 하여 협동조합에 대한 자율과 독립, 민주적 운영의 원칙을 훼손하고 경영에 간섭하게 되었다. 조합장의 임명과 조합의 강제적 합병 등은 농협의 운동체로서의 자주성에 심각한 영향을 주게 되었다.

1980년대에 농협은 1981년 농협법이 개정되면서 시군조합이 소멸되어 계통조직을 3단계에서 2단계로 개편하고 축협중앙회를 설립하여 축협을 분리하였으며, 단위농협이 농협사업의 중심체가 되도록 시군조합이 가지고 있던 경제시설 등을 이관하고 유통조직 육성, 조합원 교육 등을 시작하게 되지만 여전히 정부의 간섭에서 자유롭지 못하였다.

농협이 스스로의 목소리를 낼 수 있게 된 것은 사실 우리 사회의 민주화운동 덕분이다. 1987년 우리나라 정치 · 경제 · 사회 전반에 걸친 민주화의 열기 속에 농협운영도 민주화를 요구하는 조합원들의 욕구가 커지면서 1988년 비로소 농협법이 개정되었다. 그 결과 '농협임원 임면에 관한 임시조치법'이 폐지되어 조합장은 농업인 조합원에 의해 선출하게 되었으며, 1990년에는 조합장들에 의해 중앙회장이 직선으로 선출되었다. 이 시기부터 농협은 자율경영체제를 확립하고자 사업계획 및 수지예산의 정부 승인 폐지, 중앙회의 회원조합 승인 · 규제사항 대폭 완화 등 회원조합의 자율성을 강화하였다. 농협에 대한 지속적인 개혁요구, 농민단체 비판 등으로 1994년 말과 1995년 개정된 농협법에 의해 중앙회장을 조합원으로 제한하고, 신 · 경분리에 대한 논의, 전국단위의 연합회 설립 등 제도적인 부문과 함께 농업인 본위, 실사구시 등 운영방침을 정하고 개혁을 전개하게 된다.

1998년 '국민의 정부' 출범 이후 협동조합개혁은 국정과제의 하나로 선정될 만큼 관심사가 되었으며, '협동조합개혁위원회'가 설치되어 일선농협의 책임 경영제 강화, 구조조정 등 공동개혁안을 마련하였으나 결렬되었다. 이후 지속적인 의견수렴과 논의를 거쳐 2000년 새 농협법이 시행되면서 농 · 축 · 인삼협 통합 중앙회가 출범하고, 대표이사 중심의 책임경영, 중앙회 경제사업의 회원조합 이관, 조합원에게 실익을 주는 경제사업 중심의 기능으로 개편되었다.

통합농협 출범 이후 제도 운영상의 미비점과 농협이 농업 및 농촌발전의 중심 역할을 수행할 수 있도록 하는 농협법 개정이 2004년에 이루어진다. 이 농협법은 중앙회장을 비상임으로 전환하고 전문경영인에 의한 책임 경영제 실시, 중앙회 자회사 설치 시 회원조합과 공동출자 원칙, 신경분리 세부추진계획 마련 등을 확정하도록 하였다. 지역농협에 대한 지도 · 지원 · 교육 업무를 대폭 강화하고 조합장 리더십교육, 경영관리 마케팅 교육, 조합원에 대한 협동조합 교육을 중점적으로 실시하였다. 그리고 업적 위주의 조합평가와는 별도로 협동조합 본연의 역할과 지역사회에 대한 기여도를 진단하는 '사회성 평가제도' 도입을 시도하기도 하였다.

1994년 이후 제기되어온 농협의 신 · 경 분리 논의는 신용사업에 안주하여 지도 · 경제 사업을 소홀히 한다는 비판과 신용사업의 지도 · 경제 사업에 대한 지원이 축소되어 농업인의 실익이 감소하게 된다는 주장이 팽팽하게 맞서오다가 2012년 농협법의 개정으로 농협중앙회는 1중앙회-2지주회사[56] 체제로 전환됨에 따라 20여 년 만에 농협의 신경분리가 이루어졌다.

농업협동조합의 고민

우리나라 농협은 정부 정책의 대행기관이라는 비판 속에서 앞서 살펴보았듯이 사업위주의 개편을 지속하였다. 본질적으로 결사체인 농협의 사업은 목적을 실현하기 위한 여러 수단의 하나임을 간과하였다. 수차례에 걸친 농협법의 개정은 농협이 정부의 영향 아래 있다는 증거이기도 하다. 농협의 사업 규모가 커진 탓에 농협을 정책적으로 이용하려는 의도가 뒤섞인 것이다. 지속적으로 개혁에 대한 요구, 조합원 중심의 협동조합 조직 개편 요구, 신·경 분리에 대한 찬반 논쟁은 결사체로서 조합원 중심의 운동성을 회복하는 과정이어야 했다. 그러나 이마저도 농협개혁에 초점을 맞추면서 영세성을 해소하고 규모의 경제를 달성하기 위한 합병론, 품목조합론, 연합사업론 등이 강조되었다. 농협에 특별한 지위나 혜택을 부여하는 것도 자율성을 침해하지만, 효율성·합리성 등을 이유로 농협을 사업실적으로만 평가하는 것도 결사체인 농협을 주식회사와 혼동하는 정책으로 볼 수 있다.

그동안 농협이 정부 정책에 의해 하향식으로 조직되고, 정부정책을 대행한다는 비판은 전통적인 협동조합의 문제점으로 지적되고 있다. 그러나 이러한 문제는 우리나라뿐 아니라 아프리카 등 개도국의 협동조합들이 공통적으로 겪는 문제이며, 협동조합 입법과 정부정책의 수행이라는 측면에서 정부와 매우 밀접할 수밖에 없다. 유럽의 경우도 일부 지역에서 협동조합이 정부에 의해 도입되는 경우가 많다. 이러한 이유로는 농업인의 자발적 참여를 촉진하고, 농업 부문에서 생계를 위한 공동협력이 근대화된 농업의 새로운 협력형태로 전환되는 상황에서 농협은 농촌 발전을 위한 도구로서 다양한 전략을 수행할 수 있기 때문이다.

우리 농업은 해방 이후 자본주의 질서 하에서 농업발전과 농민생활의 안정을 위해 협동조합을 필요로 하였다. 영세하고 열악한 농업여건을 극복하기 위해서 정부가 주도한 다양한 정책사업(농업자금, 영농자재공급, 농산물 가격 안정사업, 양곡수매, 농산물 유통과 가공사업)에 협력함으로 자체 사업을 수행할 원동력이 되었으며, 정부 정책의 효율적 집행이 가능하였다. 하지만 협동조합은 정부기관이 아니므로 정부 정책을 수행하는 것은 공익적 측면, 사업적 측면에서 접근하되 협동조합의 자율성과 독립성을 훼손해서는 안 될 것이다.

지난 시절 농협은 협동조합으로서의 정체성을 유지하려는 조합원들의 노력과 농민단체, 시민단체 등의 견제와 연대가 있었기에 그나마 협동조합의 자율성·독립성을 확보 할 수 있었다. 농협법이 개정될수록 회원조합에 대한 자율성과 독립성, 중앙회의 회원조합에 대한 지원이 강화된 것은 아래로부터의 상향식 운영체계가 정착된 결과이기도 하다. 앞으로도 농협의 자율성과 자주성을 유지하려는 조합원들의 요구와 협동조합의 정체성, 조합원 중심주의 등 개혁에 대한 요구는 지속적으로 제기될 것이다. 무엇보다 농협 스스로 협동조합이라는 자각과, 협동조합의 발전을 위한 역할에 대한 고민이 필요할 때이다.

한국 농협은 당면한 환경변화에 대응하면서도 협동조합의 설립목적인 조합원의 이익증진과 서비스를 제공해야 하는 기본적인 책무가 있다. 하지만 최근의 농협은 조직과 규모, 기능수행 측면에서 일반 기업과 유사한 형태를 보인다는 이유로 지나치게 사업성에 집중한다는 비판을 받기도 한다. 협동조합은 경제적 조직이면서 동시에 조합원의 이익을 도모하고 경제활동에 편의를 제공하기 위한 조직이므로 협동조합의 조직과 구조, 조합원에 대한 이해관계, 출자제도, 의사결정 제도 등에 대해 협동조합 원칙이 지켜지도록 해야 할 것이다. 또한 조합원의 이익을 우선해야 하지만, 협동조합간 연대, 지역사회 기여 등 사회적 경제조직의 역할에 대한 요구도 계속되고 있음을 기억해야 한다.

이와 함께 2012년 협동조합 기본법 제정 이후 협동조합은 수없이 설립되었지만, 자금부족, 네트워크 부족 등 협동조합 기반구축과 관련하여 여러 가지 문제가 지속적으로 제기되고 있다. 협동조합 생태계를 구축하는 데 정부 등 국가 기관에만 의존하는 것도 모순이 많다. 농협은 이미 협동조합에 대한 설립과 운영 노하우가 충분하고, 자금도 충분히 보유하고 있다. 협동조합 여건 마련과 시스템을 구축하는 데 농협이 앞장서야 한다. 특히 농협, 신협, 새마을금고 등 기존의 협동조합과 신생 협동조합 간 협력체계를 구축하는 데 노력해야 할 것이다. 그것이 농협이 그동안 받아온 정체성에 대한 불신을 해소하는 길이며, 농협 조합원들에게 더 큰 참여 동기를 만들어 줄 것이다.

협동조합의 가치와 조직, 법규

02

모든 법률이 그렇듯이 협동조합의 원칙도 하루아침에 만들어진 것이 아니라, 1세기 넘도록 수많은 시행착오를 거치며 사상가들과 협동조합들에 의해서 만들어지고 실천되었다. 이 장에서는 협동조합이 가지고 있는 원칙과 가치를 쉽게 알아보고, 한국 협동조합 기본법을 근거로 조직과 운영방법에 대해 설명한다.

가. 협동조합의 가치와 원칙

협동조합의 가치

협동조합에서 말하고 있는 협동(協同, cooperation)은 가치관의 문제에서부터 출발한다. 협동의 반대말은 무엇인가? 비협동非協同인가? 혹은 비협조인가? 물론 비협동이란 단어는 잘 사용하지 않는다. 협동의 반대말은 '경쟁'이라고 하는 것이 가장 적절한 표현이라 생각한다. 즉 우리는 협동과 경쟁이 반복되는 구조 속에서 협력하거나 경쟁할 수밖에 없는 삶을 살고 있다. 그래서 협동은 가치관의 문제라는 것이다. 내가 원하지 않더라고 우리는 늘 '협동을 할 것이냐? 경쟁을 할 것이냐?'를 선택해야 한다.

더욱이 우리는 자본주의 시대를 살고 있다. 우리도 모르게 길들여진 이 자본주의야 말로 가치관과 이념이다. 자본주의와 대립되는 이념인 공산주의가 이미 막을 내림으로서 그 우월성을 증명하였다. 하지만 자본주의도 수없이 많은 변화를 겪어 왔다. 아담스미스 이후 19세기는 시장에 맡겨야 한다는 '고전적' 자유주의[old liberalism]에 이어 1920년 대공황 이후 '새' 자유주의[new liberalism], 그리고 60-70년대 찾아온 '신' 자유주의[57] [neo liberalism]가 자본주의를 대변하게 되었다.

무한 경쟁을 부추기는 신자유주의 시대를 사는 우리는 경쟁을 통한 승자만이 살아 남는 다는 것을 수없이 보고 배우며 살아왔다. 그래서 혹자는 자본주의 사회, 기업이 중심이 되는 자본주의 시장을 약육강식의 비정한 정글로 비유하기도 한다. 하지만 현대 자본주의 사회에서 기업간의 경쟁은 미덕으로 여겨진다. 경쟁을 통해서 불필요한 비용을 줄이고, 합리적인 자원이 배분된다는 믿음이 지배적이다. 그래서 정책은 경쟁을 촉진하는 방향으로 확대된다. 경쟁을 통한 승자독식 구조가 당연시 되는 사회분위기에서 협동을 한다는 것은 상식을 거스르는 것처럼 보인다. 경쟁이 당연한 자본주의의 흐름을 거스르며, '협력'을 해도 모두 이익을 얻을 수 있다는 사실을 보여주어야 한다. 경쟁이 승자와 패자로 양분하는 구조라면 협동은 승자와 승자[win-win]가 만들어지는 구조라고 할 수 있다.

그렇다면 협동조합이 가지고 있는 가치는 무엇인가? 세계 각국의 협동조합을 대표하는 세계 최대의 협동조합 대표기구인 국제협동조합연맹[International Co-operative Alliance, 이하 ICA라 함]이 있다. 이 ICA에서 협동조합 설립 100주년을 기념하는 총회에서 협동조합의 가치를 다음과 같이 선언하였다.

'협동조합은 자조, 자기책임, 민주주의, 평등, 공정성, 연대의 가치를 기초로 한다. 조합원은 선구자들의 전통을 계승하여 정직, 개방, 사회적 책임, 타인에 대한 배려 등 윤리적 가치를 원칙으로 한다.'[58]

Co-operatives are based on the values of self-help, self-responsibility, democracy, equality, equity and solidarity. In the tradition of their founders, co-operative members believe in the ethical values of honesty, openness, social responsibility and caring for others.

두 문장으로 이루어진 짧은 단락이지만 협동조합의 역할과 가치를 포괄하고 있다. 앞 문장은 사업체[business]로서 협동조합이 가져야 할 가치를 담고 있으며, 뒤 문장은 사업체의 주인인 조합원이 가져야 할 가치를 언급하고 있다.

가장 중요한 개념은 사업체로서 협동조합은 '스스로 노력'해야 한다는 것이다. 개인과 조직이 가지고 있는 문제를 해결하기 위해 스스로 노력하고, 스스로 책임을 지는 것이 협동조합이 가지고 있는 첫 번째 가치라는 것이다. 더 나은 삶을 위해 스스로 노력하고 돕는(자조自助) 것부터 출발한다. 자신의 문제를 외부의 자본이나 권력, 외부 세력에 의해서 해결하는 것이 아니라 자기 스스로 해결하기 위해 나서야 한다. '하늘은 스스로 돕는 자를 돕는다.' 라는 말이 있듯이 자신의 문제 해결을 위해 내가 나를 먼저 돕는 것에서 협동조합은 시작한다.

하지만 스스로 노력하되 혼자 하는 것이 아니라 협동조합 이라는 조직을 구성하면서 "책임"을 언급하고 있다. 협동조합은 지역이나 사회의 구성원으로써 자신의 책임을 다해야 하고, 조합원은 조직의 참여자로서 각자의 책임을 다해야 한다. 흔히 조직을 구성하면 조직 안에서 많은 갈등이 발생한다. 문제를 해결하기 위해서 조직을 만들었는데 조직안에서 또 다른 문제를 만나게 된다. 그렇기 때문에 확고한 원칙을 가지고 시작해야 했으며, 오랜 기간 시행착오를 겪으며 만들어진 것이 협동조합의 7대 원칙이다.

문제해결을 위한 출발점은 '민주적 운영'과 '평등'이다. 협동조합은 조합원들에 의해 민주적으로 운영될 때 협동조합이 가지고 있는 상징적인 가치가 있음을 말해준다. 더 나아가 사업체를 운영할 때 어떠한 차별이나 차등 없이 모두가 동등하고 공평하게 해야 한다. 이게 무슨 가치냐고 생각할 수 있을 것이다. 하지만 협동조합이 탄생하던 시대는 중세 봉건시대가 막 끝나가는 시기로 왕족과 귀족이 있고 평민과 노예가 당연시 되었다. 1800년대 우리나라는 반상班常이 존재하던 왕조시대였다. 자본주의 시대를 살고 있는 우리가 상상할 수 없는 차별과 차등이 있었을 것이다. 그러한 시대 누구나 평등[equality]하게 그리고 공정[equity]하게 사업을 운영하고 사람을 대한다는 것은 매우 상징적인 의미가 있다. 즉 협동조합은 시대를 이끄는 리더의 역할을 하고 있었다는 것이다. 로치데일 조합원들이 스스로를 '선구자[pioneers]' 라고 불렀던 것처럼 말이다. 그리고 그러한 시대를 이끄는 협동조합의 가치는 '연대[solidarity]' 를 통해 의미가 더 커진다. 협동조합을 구성하는 내부 조합원들만을 위한 협동이 아니라 다른 협동조합 조직과의 협동, 협동조합이 아닌 다른 사회조직과의 협동이 연대로 표현된다. 인류와 사회를 위해 조합원들 사이, 그리고 협동조합 간, 협동조합과 사회간 연대連帶가 될 때 협동조합의 진정한 가치가 실현되게 된다.

협동조합에 속한 각각의 개인은 윤리적인 가치로서 '정직[honesty]'해야 한다. 근대 경제학은 인간의 '이기적인 행동'을 전제로 출발한다. 인간은 이기적이기 때문에 자신의 이익을 위해 노력한 것보다 더 많은 것을 얻으려 한다는 것이다. 그리고 이것을 '합리적 행동'이라고 표현한다. 경제행위를 할 때 인간의 이기심 때문에 저울을 속이고, 화려한 겉포장을 하게 된다. 그리고 이것을 그동안 당연하게 받아들여 왔다. 하지만 협동조합은 다르다. 로치데일 협동조합이 출발할 때 선구자들은 다음과 같은 표어를 내걸었다.

"만일 설탕을 이윤 없이 판다면 그 손실을 메우기 위해 다른 물품을 몰래 비싸게 팔아야 한다. 우리들은 모든 것을 드러내고 행동한다. 다른 사람이 어떻게 하든 이윤 없이 팔지 않고, 다른 곳보다 싸게 팔지도 않는다. 우리는 정직하게 판매한다."[59]

선구자들은 상인들이 형편없는 품질의 밀가루를 판매하고, 저울을 속이고, 불순물이 섞인 곡물을 판매하고, 터무니없이 이윤을 붙여 판매하는 것에 불만을 품고 협동조합을 시작했다. 그래서 그들은 이처럼 정직을 생명처럼 여기게 된 것이다.

"정직"해야 한다는 신념은 협동조합 운영에 있어서는 '개방 혹은 공개[openness]'의 정신으로 발휘된다. 자신에게 정직할 뿐만 아니라 타인에게도 모든 것을 드러내고 투명해야 함을 강조하고 있다. 물건을 판매하는 상행위를 할 때는 물론 내부 운영을 하는 것도 모두 공개를 원칙으로 한다. 어떤 속임수나 비밀을 용납하지 않는다.

마지막으로 협동조합은 사회적 책임을 중요한 가치로 여긴다. 협동조합은 지역사회를 중심으로 사업을 운영·유지하고 있다. 따라서 지역의 중요성을 인식하고 있어서 '사회적 책임'을 고민해 왔다. 이기적인 인간의 행위를 당연히 인정하는 자본주의 사회에서 협동조합은 이타적인 인간의 정신을 강조한다. 협동조합은 사회적 책임과 타인에 대한 보살핌을 협동조합의 근본정신으로 삼고 있다.

ICA에서 정의한 협동조합의 가치는 인간 생활에서 필요한 보편적인 가치에서 벗어나지 않는 기본적인 가치라고 할 수 있다. 왜냐하면 협동조합의 출발에서 볼 수 있듯이 협동조합 고유의 사회적·경제적 배경에 의해 이러한 보편적인 가치를 가지게 되기 때문이다.

⁝ 협동조합 정의

협동조합은 다양한 이름과 형태로 존재하고 있어 우선 협동조합이라는 조직에 대한 정의가 필요하다. 협동조합을 규정하는 정의는 지역과 협동조합의 형태에 따라서 차이를 보이고 있다. 협동조합은 일반 영리기업과 다른 협동조합만의 독특한 원칙과 가치를 가지고 있다. 먼저 ICA는 어떻게 정의하고 있는지 살펴보자

> '공동으로 소유되고 민주적으로 운영되는 사업체를 통하여 공통의 경제적 · 사회적 · 문화적 필요와 욕구를 충족시키고자 하는 사람들이 자발적으로 결성한 자율적인 조직(결사체).'[60]
>
> A co-operative is an autonomous association of persons united voluntarily to meet their common economic, social, and cultural needs and aspirations through a jointly-owned and democratically-controlled enterprise.

ICA의 이러한 정의는 협동조합의 정의에 있어서 최소한의 것이며, 협동조합을 완벽하게 정의하기 보다는 폭넓게 규정한 것이라고 강조하고 있다. 대부분의 나라는 ICA의 정의를 근간으로 각각 지역적, 사회적, 역사적 환경에 따라서 수정하여 사용하고 있다.

ICA의 정의를 구체적으로 해석하면 협동조합의 성격을 이해 하는데 좀 더 명확해진다. 협동조합이 '자율적인[autonomous]', '조직[association]'이라는 것은 협동조합의 본질을 의미하는 것이다. 영어 'autonomous'는 자주적, 자율적이라는 의미와 '자치권이 있는'이라는 말로 함께 사용된다. 즉 협동조합은 그 자체로 자치적인 권한이 있다는 해석이 가능하다. 조합원들 스스로가 자기 행위의 결정권을 갖는 조직의 주인이며, 대

외적으로 어떤 외부의 영향을 받지 않는 자율적인 조직이란 것이다.

그리고 'association'을 '조직' 혹은 '결사체'라는 말로 해석하기도 하는데, 결사체란 '뜻이 같은 사람들이 공통의 목적을 이루기 위해 조직한 단체'로 해석한다. '결사체'라는 말이 협동조합의 목적을 분명하게 정의하고 있다. 협동조합이 경제적 사업체[business]이기는 하나, 이윤추구를 목적으로 하는 영리기업이 아닌 공동의 이익을 목적으로 하는 비영리조직이라는 의미를 갖는다. 하지만 협동조합을 설립하고 운영하기 위해서는 법적 요건이 필요하다. 이에 대해 협동조합 연구자 레이들로 A.F.Laidlaw 박사는 법적요건과 법인을 다음과 같이 명확하게 구분할 필요가 있다고 주장하고 있다.

> 법적요건과 법인이라는 조직구조는 본질적으로 법인[corporation]보다는 결사체[association]에 가까운 협동조합의 본래 성격을 왜곡시킬 수 있다. 다시 말해 협동조합이 법적으로는 법인으로 설립되었으나 결사체의 개념에 입각할 때 고유의 성격을 발견할 수 있다. 법인은 그 권력 기반으로부터 떨어져서 존재하고 활동할 수 있으나 협동조합은 조합원인 사람들의 집단과 떨어져서 존재할 수 없는 것이다.[61]

즉 협동조합이 사업을 위해서는 법적요건을 필요로 하지만 기업체와 같은 법인이 아닌 자율적인 조직체라는 정체성을 명확하게 해야 한다는 것이다.

우리의 협동조합 기본법에서는 협동조합을 '재화 또는 용역의 구매·생산·판매·제공 등을 협동으로 영위하는 조직'이라고 사업에 대한 기본적인 영역과 방법만을 짧게 설명하고 있다.

농업협동조합을 중심으로 해석하고 있는 미 농무부의 정의는 최근 유럽과 북미의 농업협동조합에서 보편적인 원칙으로 받아들여지고 있다. 미 농무부의 '소유와 통제'라는 용어의 사용은 회원(이용자)에 대한 '소유권'과 '수익'이라는 조직의 목적, '비율적 분배'라는 배당의 원리까지 정의를 명확하게 하고 있다. 이러한 정의는 협동조합의 원칙으로서 ICA에 비해 시대적 · 사회적 환경 변화를 반영하여 협동조합과 주식회사의 차이점을 규명해주고 있다. 협동조합의 원칙에서 좀더 구체적으로 설명하겠으나 미국 농업협동조합의 경우 오랜 역사와 함께 조합원들의 참여를 높이기 위한 고민의 결과물이라고 할 수 있다. 즉, 조합원의 이용실적에 따라 이익[benefits], 비용[costs], 위험[risks]이 배분되므로 참여 동기를 높일 수 있음을 의미하고 있다.

표 2 협동조합에 대한 국제적인 정의 비교[62]

구분	정의
한국	재화 또는 용역의 구매·생산·판매·제공 등을 협동으로 영위하는 조직(협동조합 기본법 제2조)
유럽	공통의 이해를 가진 개인들이 자발적으로 모인 공동소유체 조직으로 자주적이고 민주적인 방식으로 운영되는 기업(유럽협동조합법)
미국 농무부 (USDA)	회원들이 소유·통제하고 회원들의 이익을 위해 수익을 비율적으로 분배·운영되는 조직
미국 (뉴욕협동조합법)	비영리 조직으로 조합원들의 상호 자족·협동 및 경제적 이익을 증진하기 위해 활동하는 단체
ICA 원칙	공동으로 소유되고 민주적으로 운영되는 사업체를 통하여 공통의 경제적·사회적·문화적 필요와 욕구를 충족시키고자 하는 사람들이 자발적으로 결성한 자율적인 조직(결사체)

ICA 및 USDA의 협동조합 정의를 통해 협동조합의 특징을 몇 가지로 요약할 수 있다.

첫째, 협동조합은 정부와 사기업으로부터 독립적이고 자율적인 조직이다.

둘째, 협동조합은 '인간중심' 의 인격적인 조직이다. 이는 협동조합이 법률적인 의미에서 개인이나 법인을 가입대상으로 하는 인격적인 결합을 의미한다. 무엇보다 사람이 우선이고, 사람을 중심으로 조직된다.

셋째, 협동조합은 가입과 탈퇴가 자유로운 자발적인 조직이다.

넷째, 협동조합은 구성원들 즉, 조합원의 다양한 필요와 욕구를 충족시키기 위해 존재한다. 그것은 단지 경제적 욕구에 한정되지 않고, 사회적 · 문화적 욕구까지 포함한다. 협동조합 유형에서 다시 이야기하겠지만 현재 조직되고 있는 많은 협동조합들이 조합원들의 철학적 · 문화적인 혜택을 제공할 목적으로 조직되고 있다. 이러한 문화적 혹은 지적 욕구는 더욱 다양해질 것이다.

다섯째, 협동조합의 소유권은 민주적인 방식으로 조합원에게 배분되어야 하며, 조합원들에 의해 통제되어야 한다. 특별히 예외적인 경우를 제외하고, 1인 1표의 의결권을 가진다. 이는 소유권과 별도로 통제권의 민주적 배분을 동시에 강조하고, 정부 및 사기업 등과 구별할 수 있는 결사체라는 점에서 협동조합을 사업체[enterprise]로 규정하고 있다.

⁝ 협동조합의 원칙

협동조합에 대한 원칙과 개념들은 여러 시행착오를 겪으면서 다양한 형태로 사용되다가 초기 협동조합 조직가와 운동가들에 의해 구체화되었다. 이러한 개념을 원칙으로 정립한 대표적 협동조합은 독일의 라이파이젠 협동조합으로 볼 수 있으며, 최초의 농업인 대부은행을 세웠으며, 대부은행 설립과, 시민의 연대, 사회조직화, 개발, 극단적 경제적 자유주의와 마르크스 경향에 대한 교회의 반대 등에 관한 사회적 기독교 원리를 반영한 원칙들로 발전하였다.〈표 3〉

로치데일 협동조합은 당시 실패한 협동조합들을 교훈삼아 협동조합의 운영을 위해 실용적이며, 엄격한 현금 지급 원칙을 유지하였다. 이는 당시 대부분의 지역 협동조합들이 가난한 회원들의 재정참여 부족과 지나친 외상 등 신용정책으로 도산한 것에 교훈을 얻은 결과였다. 특히 로치데일 협동조합은 사회적 · 민주적 이념과 가치를 반영한 원칙을 세웠으며, 이러한 원칙은 국제협동조합연맹[ICA]에 의해 보편적 협동조합 원칙으로 계승되었다.〈표 4〉

표 3 라이파이젠 원칙과 로치데일 원칙 비교

라이파이젠Raiffeisen 원칙	로치데일Rochdale 원칙
1. 연대의 원칙	1. 차별금지: 종교, 정치, 계급, 성
2. 임원의 무보수, 최소한의 사업비용	2. 1인1표
3. 지역기반	3. 현금지급(Ristörno);잉여금 재분배
4. 모든 수익의 전액유보	4. 배당의 제한
5. 사회자선을 위한 잉여금 배분	5. 협동조합적 복지
	6. 회원에 대한 교육

ICA는 오랫동안 협동조합의 원칙에 관하여 문제의식을 가지고 연구해 왔다. 1930년 비엔나대회에서 원칙에 관한 문제를 다룰 특별위원회를 구성했고, 1937년 파리 대회에서 로치데일 원칙을 기반으로 성명서를 발표하였다. 이후 이를 수정하여 1966년 빈 총회에서 6개의 원칙을 발표하였고, 1995년 맨체스터에서 열린 ICA 창립 100주년 기념대회에서 현재와 같은 7대 원칙을 발표하였다. 이는 ICA 100년 역사에서 세 번째 수정 발표된 원칙으로, 이 7가지 원칙은 협동조합이 지켜야할 최소한의 원칙이며, 연맹에 가입하기 위한 최소 조건[guidelines]이라 할 수 있다. 정확한 이해를 위해 원문에 충실하여 각각의 원칙을 설명하기로 한다.

표 4 국제협동조합연맹(ICA) 원칙

ICA 원칙	특성
1. 자율적이고 개방적 가입(Voluntary and Open Membership)	정체성
2. 민주적 관리(Democratic Member Control)	정체성
3. 경제적 참여(Member's Economic Participation)	정체성
4. 자율과 독립(Autonomy and Independence)	정체성
5. 교육훈련과 정보제공(Education, Training and Information)	의무
6. 협동조합 간 협동(Cooperation among Cooperatives)	사업전략
7. 지역사회에 대한 기여(Concern for Community)	사회적책임

1. 자발적이고 개방적인 가입제도[Voluntary and Open Membership]

협동조합은 자발적인 조직으로, 성性적 · 사회적 · 인종적 · 정치적 · 종교적 차별이 없이 누구나 이용할 수 있도록 열려 있다. 누구나 참여를 희망하면, 가입이 가능한 조직이어야 한다는 것이다.

Co-operatives are voluntary organisations, open to all persons able to use their services and willing to accept the responsibilities of membership, without gender, social, racial, political or religious discrimination.

2. 조합원에 의한 민주적 운영관리[Democratic Member Control]

협동조합은 회원에 의해 관리되는 민주적 조직으로, 회원이 정책수립과 의사결정에 참여한다. 선출된 임원들은 조합원에게 책임을 갖고 봉사한다. 기본적으로 동등한 투표권(1인 1표)을 가지며, 연합회도 민주적 방식으로 조직된다.

Co-operatives are democratic organisations controlled by their members, who actively participate in setting their policies and making decisions. Men and women serving as elected representatives are accountable to the membership. In primary co-operatives members have equal voting rights(one member, one vote) and co-operatives at other levels are also organised in a democratic manner.

3. 조합원의 경제적 참여[Member's Economic Participation]

협동조합은 조합원들의 협동으로 동등하게 자본을 적립하고, 민주적으로 통제한다. 자본금의 일부는 조합의 공동재산이며, 조합원은 출자배당금이 있는 경우 출자액에 따라 제한된 배당금을 받는다. 잉여금은 협동조합의 발전을 위해 일부는 배당하지 않고 유보금으로 적립하거나, 사업의 이용실적에 따라서 편익을 제공하거나, 승인된 다른 활동에 지원할 수 있다.

Members contribute equitably to, and democratically control, the capital of their co-operative. At least part of that capital is usually the common property of the co-operative. Members usually receive limited compensation, if any, on capital subscribed as a condition of membership. Members allocate surpluses for any or all of the following purposes: developing their co-operative, possibly by setting up reserves, part of which at least would be indivisible; benefiting members in proportion to their transactions with the co-operative; and supporting other activities approved by the membership.

4. 자율과 독립[Autonomy and Independence]

협동조합은 조합원에 의해 통제되는 자율적, 자조적 조직이다. 다른 조직과 협정을 맺거나, 외부에서 자본을 조달할 때 조합원에 의한 민주적 통제가 보장되고, 협동조합의 자율성이 유지되어야 한다.

Co-operatives are autonomous, self-help organisations controlled by their members. If they enter into agreements with other organisations, including governments, or raise capital from external sources, they do so on terms that ensure democratic control by their members and maintain their co-operative autonomy.

5. 교육, 훈련, 정보제공[Education, Training and Information]

조합원, 임원, 경영자, 직원에 대한 교육과 훈련을 제공하여 협동조합의 발전을 위해 기여할 수 있게 한다. 대중들, 특히 젊은 세대와 지도층에게 협동의 본질과 장점에 대한 정보를 제공한다.

Co-operatives provide education and training for their members, elected representatives, managers, and employees so they can contribute effectively to the development of their co-operatives. They inform the general public - particularly young people and opinion leaders - about the nature and benefits of co-operation.

6. 협동조합간 협동[Co–operation among Co–operatives]

지역, 국가, 국제적 공동 사업으로 협동조합 운동의 힘을 강화하고, 조합원에게 효과적으로 봉사한다.

Co-operatives serve their members most effectively and strengthen the co-operative movement by working together through local, national, regional and international structures.

7. 지역사회에 대한 기여[Concern for Community]

조합원의 승인된 정책을 기반으로 지역사회의 지속가능한 발전을 위해 일한다.

Co-operatives work for the sustainable development of their communities through policies approved by their members.

이상과 같은 ICA의 7가지 원칙 중에서 1-4원칙은 협동조합의 정체성과 관련된 원칙으로, 조합원의 가입, 소유, 통제, 수익 원칙을 보장하고 있다. 교육의 원칙은 조합원들이 자율적이고 민주적으로 통제할 수 있는 역량을 키우도록 지원하는 것이며, 협동조합간 협동은 협동조합의 활동이 협동조합 내부에 국한되지 않고 조합원들에게 가장 효율적으로 봉사하고 협동조합의 역량을 강화하기 위한 것이다. 협동조합 간 협동은 사업전략의 하나로서 경제적 약점을 극복하기 위한 것이다. 마지막으로 지역사회에 대한 기여는 1995년 대회에서 새롭게 채택된 원칙으로, 협동조합의 조합원은 특정 지역사회의 일원임을 전제하고 있다. 협동조합은 보다 폭넓은 지역사회의 요구에 부응해야 할 필요가 있는데, 그렇다고 해서 협동조합이 경제적 조직이 아니라 '사회적' 조직이라는 점을 의미하는 것은 아니다. 오히려 지역사회의 요구에 대한 부응을 협동조합 발전을 위한 전략의 관점에서 이해해야 한다고 주장한다.[63] 따라서 협동조합은 조합원의 경제적 요구에 부응해야 하는 본래의 목적을 달성하고, 지역사회에 기여하며, 지역사회와 협동조합의 지속가능한 발전을 위해서 협동조합의 사회적 책임을 다하는 것이 중요한 과제이다.

협동조합에 대한 ICA의 일반적인 원칙과는 별도로 농업협동조합에 관해 보편적으로 사용하는 미국 농무성의 원칙은 좀 더 구체적이다.

1) 이용자 소유 원칙 : 협동조합은 이용하는 사람들이 소유한다.

- The User-Owner Principle : People who own and finance the cooperative are those who use it.

2) 이용자 통제원칙 : 협동조합은 이용하는 사람들이 통제한다.

- The User-Control Principle: People who control the cooperative are those who use it.

3) 이용자 편익원칙 : 협동조합의 유일한 목적은 이용자의 이용고를 기초로하여 편익을 제공하고 배분한다.

- The User-Benefits Principle: The cooperative's sole purpose is to provide and proportional distribution of benefits to users on the basis of their use.[64]

여기서는 협동조합을 '이용자 소유[user ownership]', '이용자 통제[user control]', '이용자 편익[User-Benefits]' 원칙으로 규정하고 있다. 협동조합을 누가 소유하고 있는가라는 의미는 먼저 협동조합을 이용하는 사람들이 협동조합에 필요한 자본(출자금)을 제공해야 한다는 의미이다. 협동조합 설립과 운영에 필요한 출자금을 우선 제공한 이후 그 자본을 이용할 수 있는 권리를 갖게 된다.

협동조합을 이용하는 사람들이 통제(운영)하고, 이익을 가져가야 한다는 원칙을 명확하게 한 것이다. 이러한 '이용자 소유' ,'이용자 통제'의 의미는 조합원들이 납입 출자금에 따라 차등적인 투표권을 가질 수 없으나, 조합원이 협동조합과 거래한 전년도 실적에 비례하여 투표권을 가진다는 점에서 ICA의 일반적인 원칙과 차이가 있다. 또한 이익 분배의 경우도 '이용규모에 따른 분배[proportional distribution of benefits]'를 규정하고 있다.

결론적으로 협동조합의 원칙을 정리한다면, 협동조합은 소유권에 가장 큰 차이점이 있다. 일반 기업조직은 자본을 소유한 자본가의 소유로서, 자본이 가장 우선순위에 있다. 또한 자본의 목적이 수익을 창출하는 것이므로, 자본을 소유한 소유주의 의견이 가장 중요하다. 자본을 소유한 소유주가 대부분 기업의 의사결정(통제)을 한다. 기업에 종사하는 종업원이나 기업을 이용하는 소비자의 의견은 고려대상이 아니다. 반대로 협동조합은 협동조합을 이용하는 이용자(조합원)들이 출자한 조직으로 이용자들이 협동조합의 소유자가 된다. 그런데 자본의 규모에 관계없이 1인 1표의 의결권을 가지고 있는 민주적인 조직이므로, 조합원 모두의 의견이 중요하다. 따라서 그들을 참여시키기 위해서 민주적 절차와 운영이 요구되며, 그들을 교육시키고 훈련시켜야 한다. 협동조합의 의사결정을 조합원들이 하게 되므로 철저한 독립성이 보장되어야 한다. 협동조합의 활동은 대부분 사업을 통해 경제적, 사회적 목적을 달성하므로 사회와의 관계, 지역과의 관계, 다른 협동조합과의 관계 설정이 중요하게 된다. 협동조합은 자본주의 체제 속에서 자라나 민주적인 운영원리로 실천하는 조직이다.

나. 협동조합의 조직과 운영

협동조합이란 조직은 단순하면서도 복잡하다. 복잡한 이유는 협동조합에 참여하는 구성원들의 이해관계가 복잡하기 때문이다. 여기서는 협동조합 기본법 상 협동조합을 구성하는 기관(조직)은 무엇이며, 어떻게 해야 협동조합이 가지고 있는 가치와 원칙을 지키면서 운영할 수 있는지 알아본다.

조합원의 권한과 혜택

협동조합과 일반 기업조직의 가장 큰 차이점은 소유권에 있으며, 협동조합에 참여하는 참여자들의 목적은 각자 사회적 혹은 경제적 만족을 높이는 것이다. 그리고 사회적 · 경제적 만족을 높이는 사업수단은 재화나 서비스를 만들어 소비자에게 제공하는 것이다. 이러한 사업수단으로 인해 경제적 활동이 부각될 때 협동조합과 일반 기업(비즈니스) 조직의 구분이 명확하지 않을 수도 있다.

일반적으로 비즈니스 조직은 자본을 소유한 자본가(투자자)를 제외하고 크게 세 종류의 이해관계자 즉 생산자, 소비자, 종업원으로 구성된다.

협동조합은 대체로 이 중 하나의 집단이 비즈니스의 중심이 되는데, 이를 조합원이라 한다. 협동조합은 조합원에 의해 조직된 즉 조합원이 소유하고, 조합원에 의해 운영되며, 이익의 대부분이 조합원에게 돌아가는 조직이다. 따라서 조합원이 협동조합의 핵심 이해 관계자가 된다. 협동조합을 우리 신체로 표현한다면 조합원은 심장 혹은 몸통 같은 존재가 된다. 그래서 협동조합을 '조합원소유 비즈니스[member-owned business; MOB]' 라고 부르기도 한다. 소유권에 대해서는 뒤에서 다시 생각해 보기로 한다.

협동조합기본법(이하 기본법)에서는 조합원의 자격을 '협동조합의 설립 목적에 동의하고 조합원으로서의 의무를 다하고자 하는 자' 로 정의하고 있다. 특정 협동조합의 설립 목적에 동의하는 경우 그 협동조합의 조합원으로 가입하면 누구나 참여할 수 있게 된다. 예를 들면, 전북 무주에서 사과를 생산하는 농부가 있다. 이 농부의 목적은 무엇일까? 정성들여 생산한 사과를 조금이라도 높은 가격으로 좀 더 편한 방법으로 판매하는 것이다. 이제 이 농부와 같은 사과 생산자들이 모여 사과협동조합을 만들면 된다. 사과협동조합은 사과 생산에 필요한 농자재를 저렴하게 구매해서 조합원들에게 판매하고, 조합원들이 생산한 사과를 모아서 서울 등 대도시 소비자에게 판매하는 일을 한다. 농부들은 사과협동조합의 조합원이 되면 사과를 생산하거나 판매하는 사업에 참여하여 다양한 혜택을 볼 수 있게 된다. 반면 서울에 살고 있는 소비자라면 다양한 산지의 사과를 좀 더 저렴하게, 좀 더 신선한 상태로 사먹고 싶을 것이다. 이런 소비자들이 힘을 합쳐 소비자협동조합을 만들어 조합원으로 참여하므로 품질 좋은 사과를 저렴하게 구입하여 소비자로서 혜택을 누릴 수 있게 될 것이다. 그것도 단순하게 사과를 맛있게 먹을 수 있는 혜택을 누리는 수준이 아니라, 소비자 협동조합의 조합원이 된다는 것은 소비자협동조합의 소유주가 된다는 뜻이 된다. 엄청난 혜택이지 않은가? 협동조합의 조합원이 된다는 것은 단순하게 일원[member]일뿐만 아니라 협동조합의 소유주[owner]가 되어 다양한 혜택까지 누릴 수 있다는 것이니 얼마나 기분 좋은 일인가.

더욱이 기본법에서는 누구에게나 협동조합의 설립과 참여를 법적으로 보장하고 있다. 5인 이상이면 누구나 협동조합을 설립할 수 있다. 또 일정한 자격을 가지고 있고, 가입의사가 있는 조합원에게 협동조합은 정당한 이유 없이 가입을 거절할 수 없다. 조합원으로 참여한 사람은 먼저 가입한 사람이건, 출자금을 많이 납입한 사람이건 동등하게 1인 1표의 의결권과 선거권을 가지게 된다. 주식회사는 주식 수數에 따라서 의결권이 주어지므로 단 1주라도 더 가지고 있는 주주의 권한이 더 많아진다. 조합원은 소유주가 되어 협동조합의 사업방향을 결정하거나 특정한 사항에 대해서 투표로 본인의 의사를 표시할 수 있다. 선거권이 있어서 조합의 대표가 되는 이사장 혹은 조합장을 선출할 수 있는 권리를 가진다. 조합원 누구에게나 주어지는 1인 1표가 협동조합 조직과 비즈니스의 핵심적인 특징이며, 민주적인 조직의 성격을 말해주고 있다.

조합원의 의무와 책임

조합원에게 혜택과 권한만 주어지는 것이 아니다. 조합원이 되기 위해 가장 기본적인 책임이 있는데 출자금을 납입[出資]할 책임이 있다. 기본법에서도 조합원은 '정관으로 정하는 바에 따라 1좌 이상 출자하여야 함'을 분명히 하고 있다. 출자금은 협동조합을 설립하는 자본금이면서 기초적인 사업비이기 때문에 당연히 출자해야 한다. 조합원은 출자금을 납부할 때 비로소 조합원으로 권한을 누릴 수 있게 된다. 출자금을 많이 납부할수록 협동조합의 사업에 애정과 관심을 더 많이 가지게 될 것이다. 하지만 특정 조합원이 혼자서 출자금을 많이 납부할 경우 협동조합을 사유화 할 수 있기 때문에 기본법에서는 조합원 1인의 출자금이 전체 출자금의 30%를 넘지 못하게 하고 있다. 또한 출자금을 많이 하더라도 1인 1표의 의결권만을 행사할 수 있다. 특정인이 출자금을 많이 할 경우 다른 조합원보다 더 목소리가 커지고, 나머지 조합원들은 눈치를 보게 되면 결국은 특정인에게 사유화 될 수 있기 때문에 이를 방지하기 위한 조치들이다. 물론 미국의 일부 협동조합은 이용실적에 따라 의결권을 차등 부여하는 신세대 협동조합을 인정하기도 한다. 그러나 대개의 협동조합은 출자금에 관계없이 1인 1표를 기본 원칙으로 하고 있다. 협동조합은 자본에 의지해 경영하기 보다는 태생부터 소수의 약자에 의한 상부상조, 참여와 연대, 자조에 의한 경영을 원칙으로 한다. 따라서 자본에 관계없이 1인 1표의 원칙은 협동조합 운영의 매우 중요한 원리인 것이다.

이와 함께 조합원이 가지는 더욱 중요한 의무가 있는데, 협동조합 사업을 이용하는 의무이다. 조합원은 협동조합의 소유주이면서 이용자이다. 주인이 사업체를 이용하지 않는다면 사업이 제대로 운영될 수 없을 것이다. 조합원이 협동조합 사업을 참여하고 이용하는 것은 당연한 권리이면서 의무이다. 사업측면에서만 보면 출자금만 납부한 조합원보다는 이용을 많이 하는 조합원이 실제로 협동조합에 더 많은 기여를 할 수 있다.

협동조합은 생산자, 소비자, 종업원 세 종류의 이해관계에 따라 유형도 달라진다. 그리고 협동조합의 유형에 따라서 사업의 형태와 이용방법도 다양하게 나타날 수 있을 것이다. 사업을 활발하게 하기 위해 조합원의 이용에 지장이 없는 범위에서 비조합원에게도 사업을 이용하게 할 수 있다. 예를 들면 일반적인 재화나 서비스를 제공하는 소비자 협동조합이나 사업자 협동조합의 경우 대개는 비조합원들도 협동조합 사업체를 이용할 수 있게 한다.

조합원은 사람(법률에서는 자연인이라 부름)만 조합원이 될 수 있을까? 아니다 기본법에서는 자연인뿐만 아니라 법인도 조합원이 될 수 있다. 법인격을 가진 회사나 협동조합 등도 다른 협동조합의 조합원으로 가입할 수 있다.

협동조합 최고의 의결기관 – 총회總會

협동조합은 민주적인 운영 원리를 중요하게 여기는 조직이다. 민주적인 운영을 대표하는 것이 조합원들이 가지고 있는 의결권과 선거권이다. 협동조합의 모든 의사결정은 조합원들이 표결로 결정해야 하는데, 조합원들이 모여서 의결하는 것을 '총회總會'라고 부른다. 참여하는 모든 조합원의 의견을 반영할 수 있는 것은 총회가 있기 때문이다. 따라서 총회는 해당 협동조합의 가장 중요한 '의결기관'이며 최고의 권한을 가진 기관으로서 반드시 설치하도록 법으로 정하고 있다.

예를 들면 협동조합의 임원을 선출하거나 해임할 경우, 사업계획을 승인하거나 예산의 편성, 결산 보고서 승인 등 운영과 관련된 사항을 의결한다. 더욱 중요한 의결로는 협동조합의 법규인 정관을 변경하거나 협동조합의 존립과 관련이 있는 합병이나 분할에 관련한 사항이 있고 총회를 거쳐야 한다. 협동조합을 구성하고 있는 다른 조합원을 제명할 경우에도 총회에서 의결하도록 하고 있다. 협동조합의 설립부터 운영, 해산, 조합원의 신상에 관한 사항 등 중요한 의사 결정은 '총회'라는 기관을 통해 의결한다. 따라서 총회에서 의결된 사항은 법적 효력을 가지고 있다. 그러므로 총회에서 이루어지는 의사진행 사항은 반드시 의사록을 작성해야 하고, 의장과 3인 이상의 조합원이 서명하여 보관해야 한다.

협동조합 대의代議 기관 – 대의원

조합원들은 총회를 통해서 협동조합의 중요한 사항들을 결정한다고 설명하였다. 하지만 조합원들이 너무 많으면 총회를 준비하는데 많은 시간과 비용이 소요될 것이다. 예를 들면 2018년 현재 전남의 순천농업협동조합은 조합원만 16,000여 명에 달한다. 이렇게 많은 조합원이 한 자리에 모인다는 것을 상상해 보자. 일만 육천여 명이 한 자리에 모여 (사실 이렇게 많은 인원이 모일 수 있는 장소도 마땅치 않다) 저마다 한 마디씩 한다고 하더라고 회의 시간만 몇 개월이 걸릴 것이다. 협동조합 이론에서는 이를 의사결정비용이라고 부르는데, 조합원이 많을수록 의사결정비용이 많이 소요된다. 또 총회가 성립하기 위해서는 전체 조합원의 3분의 2 이상이 참석해야 하는데, 조합원이 수천 명이 넘을 경우 거의 불가능에 가까운 일이다. 따라서 기본법에서는 조합원 200인 이상이면 조합원 총회를 대신해서 대의원 총회를 설치할 수 있도록 하고 있다. 즉 국회의원이 각 지역의 주민을 대표하는 것처럼 조합원을 대표해서 대의원을 선출할 수 있게 한 것이다. 물론 대의원 총회는 조합원 총회에서 의결할 수 있는 모든 사항에 대해서 의결 할 수 있다. 다만, 조합의 합병, 분할 및 해산에 관한 사항은 대의원 총회에서 의결하지 못하고, 반드시 조합원 총회에서 결정해야 한다. 대의원의 수는 조합원의 10% 이상이어야 하며, 기본법에서는 대의원 총수가 100인을 초과할 경우 100명으로 할 수 있다.

임원 – 이사장, 이사, 감사

협동조합은 비즈니스를 하는 조직이다. 비즈니스는 경영을 해야 하므로 업무 처리에 있어서 체계를 갖추어야 한다. 경영은 효율성, 신속성 등을 고려하지 않을 수 없다. 조합원이 많을 경우 대의원을 통해 의사결정의 효율성을 추구하는 것처럼, 경영을 위해서도 임원을 선출하여 권한을 부여하고 있다.

우선 협동조합을 대표하는 이사장(기존 협동조합에서는 조합장이라고 부름)이 있다. 이사장은 1인을 두게 되는데, 협동조합을 대표하며 조합원들의 위임을 받아 협동조합의 업무를 총괄하여 집행한다. 이사장의 선출은 조합원 총회에서 결정하며, 선출 방식 또한 조합원이 정한 정관에 따라 결정할 수 있다. 이사장의 임기는 4년 이내에서 할 수 있는데, 다른 임원은 연임에 제한이 없지만 이사장은 2번까지만 연임을 할 수 있다. 선거 운동도 엄격하게 법이 정하는 범위 안에서만 할 수 있다.

이사장은 협동조합 전체 운영에 대한 권한을 가지고 있어서 협동조합에 손해를 끼치는 행동을 해서는 안 된다. 만약 법을 위반하거나 업무상 잘못으로 끼친 손해에 대해서는 손해배상의 책임도 가지고 있다. 또한 다른 협동조합의 이사장을 겸직할 수도 없다. 이사장은 사업을 수행하고 사업비를 집행하며, 직원에 대한 관리 감독권 등 많은 권한을 가진 만큼 엄격한 도덕성과 책임을 요구받게 된다. 그러면 이사장은 반드시 조합원

중에서 선출해야 할까? 기본법에서는 조합원이 아니어도 이사장이나 임원이 될 수 있도록 하고 있다. 즉 협동조합의 설립목적과 사업 방향에 대해 동의한다면, 능력 있는 외부 인사(비조합원)를 통해서 협동조합 사업을 제대로 할 수 있게 하였다. 실제로 사업측면으로 성공한 일부 협동조합들은 조합원 중에서 이사장을 선출하지 않고 외부 전문가를 초빙하여 운영을 맡긴 경우가 있다. 그러나 협동조합의 설립 취지나 사업목적에 부합하지 못할 경우 가치를 훼손할 수 있어서 유의해야 한다.

이사장은 사실 이사 중에서 선출되기 때문에 이사장이 되기 위해서는 먼저 이사가 되어야 한다. 기본법에서는 3인 이상으로 구성된 이사회를 두도록 하고 있다. 이사회는 협동조합의 재산이나 업무집행에 관련된 사항들과 사업계획과 예산안 작성 등을 의결하기 때문에 실질적인 '집행기관'이라고 할 수 있다. 이사의 임기는 4년 이내에서 정할 수 있으며 연임도 가능하다. 기본법은 5인 이상이면 이사회 설립이 가능하다. 하지만 조합원 10인 미만인 경우는 총회 의결을 하면 되기 때문에 이사회를 두지 않을 수 있다.

마지막으로 협동조합은 반드시 '감사'를 1인 이상 선출해야 한다. 조합원들이 자신들을 대표하여 감사에게 부여한 의무와 권한이 있다. 감사는 협동조합 임직원들이 정관이나 규정에 의해서 업무를 제대로 집행하는지 감사하여 총회에 보고할 의무를 가지고 있다. 조합원들이 경영을 직접 할 수 없어서 직원들을 뽑아 대신 경영하도록 위임하고 있다. 따라서 조합원들을 대리한 직원들이 제대로 경영을 하고 있는지 감시하는 것이 감사의 임무이다. 협동조합의 재산은 조합원의 재산이기 때문에 재산관리가 제대로 되는지 예고 없이 확인도 할 수 있다. 이것이 감사에게 부여된 권한이다.

협동조합의 임원인 이사장, 이사, 감사는 직원을 겸직할 수 없다. 즉, 협동조합에서 임금을 받는 직원은 임원이 될 수 없다. 물론 예외도 있는데 직원들로 구성된 직원협동조합의 경우이거나 조합원 10인 미만의 경우는 겸직이 가능하다. 직원은 고용자로서 성실하게 업무를 수행할 책임을 가지고 있으며, 임원은 협동조합의 설립목적에 맞도록 사업계획의 수립, 예산계획, 의결, 감독 등에 대한 책임이 있다. 기본법에서는 소수의 임원에 의해 협동조합이 사유화되거나 재산상의 손실로 인한 혼란을 방지하기 위해 도덕성과 청렴을 위반한 경우 임원의 결격사유로 정할 수 있다.

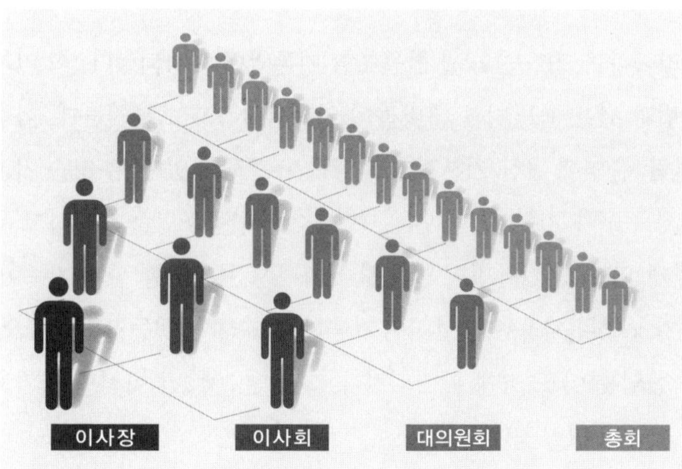

그림 6 기본법상 협동조합 기관의 대표성 체계

다. 협동조합 관련 법규

협동조합은 5명 이상이면 누구나 설립이 가능한 조직이라고 하였다. 이는 기본법에 근거한 최소인원이며, 농업협동조합법에는 최소 1,000명이 참여해야 농협을 설립할 수 있다. 이처럼 협동조합과 관련된 법규가 다르다. 협동조합 기본법과 특별법 중의 하나인 농업협동조합법에 대해서 간략하게 알아본다.

협동조합 기본법 제정의 배경

우리나라는 2012년 12월 협동조합 기본법이 시행되었다. 이 기본법은 농협법과 같은 특별법과 대비하여 일반법이라고도 불리는데, 협동조합의 설립, 운영에 관한 기본적인 사항을 규정하고 있다. 우리는 기본법에 의해서 누구나 '자주적', '자립적', '자치적'인 협동조합을 설립하고 운영할 수 있게 되었다. 기본법이 발효됨에 따라서 협동조합 설립 기준이 크게 낮아져 누구나 자유롭게 설립이 가능하게 되었다. 협동조합을 도입할 수 있는 산업 분야도 크게 확대되었다. 그러면 2012년 이전에는 협동조합 관련 법률이 없었을까?

우리나라는 협동조합 기본법이 제정되기 수십 년 전부터 협동조합과 관련된 법률이 시행되고 있다. 그 중 농업협동조합법은 1961년 7월에 가장 먼저 법률로 제정되었다. 이러한 법률을 특별법이라고 하는데 특정한 협동조합에만 적용되는 '개별법' 성격을 가지고 있다. 현재 우리나라에 개별법이 적용되는 협동조합은 총 8개가 있는데, 농업협동조합, 수산업협동조합, 엽연초 생산협동조합, 산림협동조합, 중소기업협동조합, 신용협동조합, 새마을금고, 소비자생활협동조합이다. 이상의 8개 협동조합을 설립하기 위해서는 각각의 협동조합에 적용되는 법률을 따라야 한다. 특별법인 농업협동조합법에 대해서는 다시 논의하기로 한다.

개별법이 있는데 왜 협동조합 기본법을 또 제정했을까? 우선 시대가 많이 변했기 때문이다. 위의 특별법에 의한 협동조합을 다시 한 번 살펴보자. 농협, 수협, 산림협, 엽연초 생산협동조합은 모두 1차 산업과 관련된 협동조합들이다. 즉 기존의 협동조합 관련법은 수십 년 전 우리나라가 산업화를 시작하는 시기에 만들었기 때문에 주로 1차 산업 중심이어서 다양한 산업에 적용하는 것이 제한적이었다. 농업은 관련산업에 종사하는 인구와 GDP에서 차지하는 비중도 점점 줄어들고 있는데 1970년 전체 GDP의 16.5%에서 2017년말 현재는 전체 GDP의 2% 내외로 감소하였다. 예를 들어, '엽연초 생산협동조합'은 엽연초(담배의 원료가 되는 잎담배를 말한다)를 생산하는 사람들이 조합원으로 가입하여 활동하고 있다. 1910년 조직되어 2009년 창립 100주년을 맞이할 정도의 역사가 깊은 협동조합이지만 전국적으로 조합원이 몇 명이나 되겠는가? 흡연인구가 감소하고 있는 지금과 같은 상황에서 엽연초 생산협동조합이 전체 산업과 농촌경제에서 차지하는 비중이 크게 확대되지는 않을 것이다. 물론 엽연초협동조합은 아직도 전국에 15개 지역조합이 있으며 조합원들을 위해 열심히 일하고 있다.

한편 1차 산업의 비중이 감소한 반면 2차, 3차 산업은 전체 산업에서 차지하는 비중이 점점 확대되고 있고, 관련 산업 종사자도 확대되고 있다. 요즘과 같이 인공지능이 중심이 되는 4차 산업혁명 시대에 2차, 3차 산업까지 다양한 영역으로 협동조합을 확대해 나갈 필요가 있다.

협동조합 기본법은 협동조합이 가지고 있는 민주적이고 자주적인 조직 모델을 다양한 산업으로 확대하여 더 많은 비즈니스조직을 육성하고 이를 통해 의미 있는 일자리 창출과 국민경제에 기여하게 하는 것이 핵심 목적이다.

무엇보다 특별법에 의한 협동조합은 설립기준이 매우 까다롭다. 설립 신청을 할 수 있는 최소 조합원의 수가 지역농협은 1,000명, 소비자생활협동조합은 300명, 신용협동조합과 새마을금고는 100명 이상이 되어야 한다. 하지만 협동조합 기본법은 5명 이상만 있으면 설립이 가능하니 설립요건 한 가지만 보더라도 기본법의 취지를 이해 할 수 있다.

경제발전과 함께 사회구조도 복잡해지고, 산업도 다양해져서 협동조합을 통한 사업영역을 확대하고 싶지만 '특별법'의 한계에 막혀 협동조합이 확산되지 못했던 것이다. 기본법이 제정된 지 4년 만에 국가 전체에 10,000여 개의 협동조합이 설립된 것은 그러한 요구를 말해주고 있는 것이다. 협동조합의 위력은 2008년 금융위기 이후에 미국, 유럽 등지에서 살아남은 많은 협동조합들의 '끈질긴 생명력'을 통해 드러나고 있다. 따라서 우리나라도 IMF와 금융위기 등 경제위기에서 출발한 부의 불평등, 산업간 불균형과 대립, 고용 불안, 사회적 양극화와 갈등을 해결하기 위한 대안 모델로 협동조합 기본법을 제정하게 된 것이다.

협동조합 기본법의 기본 구조와 내용

협동조합 기본법은 1개의 법률과 1개의 시행령이 있으며, 2012년 1월 26일 제정되어 '12년 12월 1일부터 시행'되었다. 법령은 총7장으로 구성되었으며 119개의 조문으로 나누어져 있다.

제1장 총칙은 협동조합의 정의와 명칭, 법인격, 기본원칙, 책임과 정책 등으로 구성되어 있다. 협동조합 기본법은 기존에는 없던 '법인격'을 부여하고 있다. 법인격은 법률에 의하여 권리능력이 인정되는 단체를 말한다. 즉, 법인격이 있어야 기존의 회사나 사단법인처럼 권리를 행사할 수 있고, 재산을 보유할 수 있으며, 하나의 개체로 행위를 할 수 있다. 기본법에서는 2개의 법인격을 인정하였는데, (일반)협동조합은 영리 법인으로, 사회적협동조합은 비영리 법인으로 구분하였다.

제2장은 일반협동조합의 설립, 조합원, 기관, 사업, 회계, 합병 및 청산, 등기 등으로 구성되어 있다. 협동조합을 설립하기 위한 실무적인 절차와 조합원의 자격에 관한 사항 및 사업에 대한 내용을 담고 있다. 특히, 각각의 협동조합을 설립하기 위해서는 사전에 설립목적, 조합원의 자격, 출자금액과 납입방법, 조합원의 권리와 의무, 잉여금의 처리방법, 사업의 범위, 기관 및 임원에 관한 사항, 총회와 이사회 운영 등에 필요한 사항 등을 담고 있는 정관을 만들어야 한다. 다시 말하면, 개별 협동조합의 정관은 그 협동조합의 헌법과 같은 역할을 하고 있다. 정관을 어떻게 만들어야 할지 막연하다면 한국사회적기업진흥원(www.coop.go.kr) 홈페이지에 방문하거나, 시군 협동조합 담당자를 찾아가면 된다. 협동조합 표준 정관례가 등록되어 있으니 해당 협동조합에 맞게 변경하면 된다. 정관을 작성했으면, 조합원들이 모여서 창립총회를 하고 시도지사에게 설립신고서를 제출하고 안내를 받으면 된다. 설립 절차가 복잡할 수도 있는데, 많은 지자체들이 협동조합 설립 컨설팅을 하고 있으며, 협동조합 교육을 실시하고 있으니 시군 지자체에 먼저 문의하면 해결이 가능하다.

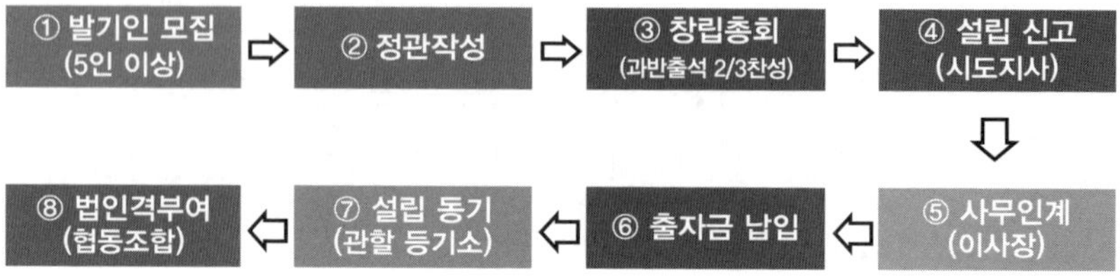

그림 7 기본법에 따른 협동조합 설립절차

협동조합이 주식회사와 구별되는 가장 큰 차이점은 출자 좌수에 관계없이 1인 1표라는 점과 가입과 탈퇴가 자유롭다는 것인데 이러한 내용은 '조합원(제2절)'에 명시되어 있다. 앞서 협동조합의 조직구성(운영)에서 언급한 총회, 대의원, 임원 구성 등은 '기관(제3절)'에 구체적으로 기록하고 있다.

협동조합의 사업방법은 어떻게 결정할 수 있을까? 개별 협동조합은 설립목적에 따라 자유롭게 사업범위를 결정할 수 있다. 하지만 조합원에 대한 교육, 협동조합 간 협동, 지역사회를 위한 사업 등 협동조합 기본원칙에 부합한 사업들을 반드시 포함하도록 했다. 협동조합의 특징을 나타내는 조합원에 대한 참여와 민주적 운영원리를 준수하고, 적법한 사업이라면 '금융, 보험'업을 제외한 어떤 사업도 할 수 있도록 해서 그 범위를 포괄적으로 규정하고 있다.

'회계(제5절)' 조항은 협동조합의 회계 및 운영 공개에 관한 사항을 담고 있다. 협동조합은 경제 사업을 통해 영리행위를 할 수 있는 비즈니스 조직이기 때문에 이익이 발생하거나 반대로 손실이 발생할 수 있다. 이러한 경우 이를 어떻게 처리해야 하는지 기본법에 따르면 된다. 예를 들어 이익이 발생한 경우 법정 적립금을 먼저 적립해야 하고, 그래도 남으면 배당을 할 수 있다. 조합원에게 배당을 할 경우에도 출자금 위주로 배당을 하게 되면 출자금을 많이 한 조합원에게만 이익이 돌아가게 되므로 이를 방지하기 위해 출자금 배당은 납입 출자금의 10%를 초과할 수 없게 했다. 대신에 매년 사업 이용 실적에 따른 배당액을 50% 이상 의무적으로 하여 조합원의 사업 참여를 높이게 했다. 조합원 수가 200인 이상이거나 납입출자금이 30억 원 이상인 협동조합은 매년 결산 보고서 및 정관 등을 공시(이를 경영공시라 함)하도록 하여 사업의 투명한 운영과 임직원의 도덕적 해이를 방지하도록 하였다.

제3장은 협동조합 연합회에 관한 사항이다. '협동조합 연합회'라는 것은 3개 이상의 협동조합이 모여 협동조합들의 협동조합을 만드는 것이다. 다만 일반 협동조합은 시도지사에게 신고하면 되지만, 협동조합연합회는 기획재정부 장관에게 설립 신고를 해야 한다. 연합회의 설립이나 운영, 사업 등도 협동조합과 유사하게 이루어져 있다.

협동조합 연합회를 설립하게 된 것은 '협동조합 간 협동'이 기본원칙이며, 사업의 활력을 위해 협동조합 간 상호 연대가 필요하기 때문이다. 하지만 짧은 기간에 많은 협동조합이 설립되어 이웃 협동조합들에 대한 이해와 정보 부족으로 함께 연대하는 것이 쉽지 않다. 따라서 연합회를 조직하여 공동의 이익을 위해 노력하도록 하였다. 연합회는 회원들의 협의에 의해 어떠한 사업도 할 수 있다. 다만, 회원에 대한 지도와 지원, 연락 및 조정에 관한 사업, 회원 조합원에 대한 상담, 교육 훈련 및 정보 제공과 관련한 사업, 회원의 사업에 대한 조사, 연구 및 홍보 관련 사업 등 세 가지의 사업은 반드시 포함하도록 하였다. 또한 협동조합을 설립하고 사업을 시작하는 데 가장 어려움을 겪는 문제가 사업 자금의 부족이다. 따라서 연합회는 금융이나 보험업은 금지되어 있으나 회원들의 상호부조를 위한 공제사업(회원들이 낸 공제료를 적립하여 그 적립 한도 내에서 회원들이 사용할 수 있는 일종의 보험 같은 사업)을 할 수 있도록 했다.

제4장은 사회적 협동조합에 관한 설립과 운영에 관한 규정이다. 기본적인 세부 구성은 일반협동조합과 동일하다. 일반협동조합과 사회적 협동조합의 차이는 무엇일까? 우선 법인격에서 사회적 협동조합은 '비영리법인'이라는 차이가 있다. 설립 절차도 일반협동조합과 달리 기획재정부 장관에게 '인가(설립 허가)'를 받아야 한다. 물론 사업 범위에 대한 제한은 없으나 사회적 협동조합은 주 사업으로 공익사업을 40% 이상 수행해야 한다. 공익사업은 지역사회나 주민권익의 증진, 취약계층 사회서비스 제공이나 취약계층 일자리 제공 등의 사업을 말한다. 잉여금이 발생했을 때도 일반 협동조합은 조합원에게 배당할 수 있지만 사회적 협동조합은 배당할 수 없다. 잉여금의 30%는 적립하여 사업 준비금 등으로 사용해야 한다. 일반 협동조합은 200명 이상인 경우 경영공시를 하게 되지만, 모든 사회적 협동조합은 규모에 관계 없이 경영공시를 해야 한다.

사회적 협동조합이 일반협동조합과 다른 조항이 또 하나 있는데, 제8절 '감독' 조항이다. 기획재정부 장관은 사회적 협동조합이 설립인가 및 법령을 준수하여 사업을 하고 있는지 감독하고 시정 조치를 명할 수 있다. 정당한 사유 없이 1년 이상 사업을 하지 않거나 2회 이상 시정 명령을 이행하지 않은 경우에 설립 인가를 취소할 수 있다. 언뜻 보면 사회적 협동조합의 자율과 독립을 침해한 것으로 보인다. 자주적, 자율적 운영을 해야 하는 협동조합에 대한 지나친 간섭으로 비쳐질 수 있다. 하지만 사회적 협동조합은 공익적 · 사회적 서비스 제공을 목적으로 하며, 일정 요건만 갖추면 고용노동부의 사회적 기업 인증을 받는다. 즉, 일반 협동조합은 받을 수 없는 인건비 등 재정 지원을 받을 수 있다. 지자체별로 조금씩 다르겠지만 비영리법인으로 국세, 지방세, 부과금 등의 면제 혜택도 있어서 일반 협동조합에 비해서는 다소 엄격한 관리가 필요한 것으로 이해해야 한다.

표 5 협동조합기본법 구조와 주요내용

장과 제목	조항	주요 내용
1장 총칙	1조-14조	목적, 정의, 법인격, 기본원칙, 책임과 정책, 다른 법률과의 관계
2장 협동조합	15조-70조	설립, 조합원, 기관, 사업, 회계, 합병 및 청산, 등기 등
3장 협동조합연합회	71조-84조	연합회의 설립, 회원, 기관, 사업, 회계, 등기 등
4장 사회적협동조합	85조-113조	사회적협동조합의 설립, 조합원, 기관, 사업, 회계, 합병, 등기, 감독 등
5장 사회적 협동조합연합회	114조-115조	설립인가, 준용규정
6장 보칙	116조	권한 위임 및 위탁
7장 벌칙	117조-119조	벌칙, 양벌규정, 과태료

농업협동조합법 해설

우리나라 농업협동조합법은 1961년 7월 법률 670호로 제정된 이후 2017년 10월 31일 일부가 개정되는 등 총 8차례 개정되었다. 현행 농협법은 1989년 법률 제4096호로 개정되었으며, 농업협동조합법(이하 농협법)은 농업인의 자주적인 협동을 바탕으로 경제적 · 사회적 · 문화적 지위를 향상시키고, 농업의 경쟁력 강화를 통하여 농업인이 삶의 질을 높이기 위한 목적으로 제정되었다. 이러한 농협법에 의해서 2017년 말 현재 1,131개소의 농업협동조합이 조직되어 운영되고 있다.

우리가 흔히 농협이라고 줄여 부르는 농업협동조합 조직은 크게 중앙회와 회원 농협으로 구분할 수 있다. 회원 농협은 다시 지역단위 농업인들이 조합원으로 참여한 지역농업협동조합과 지역에서 축산업을 하는 조합원으로 구성된 지역축산업협동조합, 한우사육업이나 낙농업 양돈업 양계업 등 특정 품목의 가축사육업의 축산업을 경영하는 조합원들로 구성된 품목별 · 업종별 협동조합으로 구분할 수 있다. 이들 지역농협, 지역축협, 품목협동조합이 조합원으로 가입하여 구성한 것이 농협중앙회이다.

농협법은 오랜 역사와 많은 회원조직들로 구성된 협동조합답게 농업협동조합법, 농업협동조합법 시행령, 농업협동조합법 시행규칙이 여러 차례 개정되어 왔다. 농협법은 총 7장 177개 조문으로 구성되어 있으며, 시행령은 52조항으로 구성되어 있다.

각 장을 중심으로 핵심적인 내용을 살펴보자.

1장 총칙은 농협법의 목적, 정의, 명칭, 법인격 등에 관한 사항으로 이루어져 있다. 농협법은 농업인에 의한 자주적인 협동조직임을 명시하고 있다. 또한 협동조합의 원칙인 농업인의 경제적 · 사회적 · 문화적 지위

향상과 경쟁력을 강화하여 삶의 질을 높이는 것을 목적으로 한다. 특이한 점은, 농협법이나 협동조합 기본법이나 국민경제의 균형 있는 발전에 이바지한다는 내용을 포함하고 있는데, 이는 국제협동조합 연맹의 원칙에서는 볼 수 없는 점이다. 농협은 전국에 수많은 지역조합과 품목조합 그리고 중앙회로 구분되므로 사업에 있어 상호 중복이 되거나 경쟁할 수 있는 구조로 되어 있다. 따라서 제5조에 최대봉사의 원칙이라는 조항을 넣어서 조합원 간, 조합과 조합 간, 조합과 중앙회 간 특정인이 아닌 모든 조합원의 이익을 위해 최대한 봉사해야 한다는 원칙을 지키도록 하고 있다. 제9조는 국가 및 공공단체의 협력 조항이 있는데, 국가와 공공단체는 조합과 중앙회의 자율성을 침해해서는 안 되고, 적극 협력해야 한다는 조항이다. 또한 국가나 공공단체는 필요한 경비를 보조하거나 융자할 수 있다는 조항이 포함되며 이는 국가와의 관계에서 농협의 특수한 위치를 말해주는 조항이기도 하다. 또한 12조 '다른 법률의 적용 배제 및 준용'은 조합과 중앙회가 사업을 수행하면서 다른 법조항과 충돌할 수 있으므로 이러한 경우를 대비하여 양곡관리법, 운수사업법, 공인중개사법 등의 특정 조항의 적용을 받지 않도록 했다. 무엇보다 중앙회 안에 많은 자회사를 두고 있는데 이들 자회사 간 거래에서 '독점규제 및 공정거래에 관한 법률'의 상호 출자제한 기업집단 적용에서 예외를 두고 있다. 만약 예외규정을 두지 않을 경우 조합과 중앙회 간, 또는 계열사 간 거래에서 공정거래법에 위반 소지가 있기 때문이다.

제2장은 지역농업협동조합의 목적, 설립, 조합원, 기관, 사업 등에 관한 내용이다. 지역농업협동조합(이하 지역농협)은 원래 지역 구분에서 하나의 시 · 군 · 구를 구역으로 했으나, 생활권과 경제권의 발달로 둘 이상

의 시군구를 구역으로 할 수 있도록 개정되었다. 조합원은 '농업인'에 한정하며, 시행령에 따르면 조합을 설립하기 위해서는 1,000명 이상, 출자금 총액은 5억 원 이상으로 한정하고 있다. 농협의 기관은 전체 조합원으로 구성된 총회, 대의원회, 이사회가 있다. 총회는 정관의 변경이나 농협의 해산, 조합원 제명, 합병, 임원의 선출 및 해임, 사업계획 수립 등에 관한 사항을 의결하는 최고 의결기구다. 임원으로 구성된 이사회는 조합원의 자격심사, 적립금의 사용, 경비의 부과, 사업계획 및 수지예산, 총회로부터 위임된 사항을 의결한다. 지역농협의 임원은 조합장 1명을 포함한 7명 이상 25명 이하의 이사와 2명의 감사를 둔다. 이 경우 자산 총액이 1천5백억 원 이상인 경우에는 조합원이 아닌 이사 즉 사외이사를 1명 이상 두도록 하여 전문성과 객관성을 확보하도록 하고 있다. 제5절의 사업에서는 지역농협의 목적 달성을 위한 사업내용을 명시하고 있는데 교육지원사업, 경제사업, 신용사업, 복지후생사업, 다른 단체와의 교육협력 사업 등을 포함하고 있다.

제3장은 지역축산업협동조합(이하 지역축협)의 목적, 조합원, 사업 등에 관한 사항이다. 지역축협은 조합원의 축산업 생산성 향상, 축산물 판로확대 등을 목적으로 조직된다. 구역은 행정구역이나 경제권 등을 중심으로 정할 수 있으나 같은 구역에서 둘 이상의 지역축협을 설립 할 수 없다.

제4장은 품목별 · 업종별 협동조합에 관한 사항이다. 품목조합은 특정한 품목이나 업종을 말하는데, 한우사육, 낙농, 양돈, 양계 이외에 양봉, 토끼사육, 사슴, 염소, 모피, 말, 오리 사육업 등을 말한다.

제5장은 농업협동조합 중앙회에 관한 사항이다. 중앙회는 지역조합, 품목조합 및 품목조합연합회를 회원으로 하는 협동조합조직이다. 따라서 중앙회도 총회, 대의원회, 이사회 등의 기관을 두고 있으며 총회의 경우 조합원 수가 2천 명 미만인 조합은 1표, 2천 명 이상 3천 명 미만인 조합은 2표, 3천 명 이상인 조합은 3표까지 의결권을 행사할 수 있다는 특징이 있다. 중앙회는 농협 경제지주회사와 그 자회사, 농협 금융지주회사 및 그 자회사로 분리되어 사업을 수행하고 있다. 가장 주요한 사업으로는 회원농협에 대한 교육 · 지원사업, 회원에 대한 구매 · 판매 · 제조 · 가공사업, 상호금융사업, 국가나 공공단체 위탁사업 등이다. 그 중에서도 교육사업과 경제사업, 상호금융 사업이 중앙회의 대표적 사업인데 상호금융이란 회원농협들이 중앙회에 맡긴 자금에 대한 운용과 대출 등을 일컫는 말이다. 중앙회는 회원농협의 경영 상태를 평가하고 그 결과에 따라 경영개선, 합병 권고 등의 조치를 취할 수도 있다.

제6장은 감독에 관한 사항, 제7장은 벌칙에 관한 사항을 포함하고 있다. 중앙회는 조합과 중앙회를 감독하며, 필요한 명령과 조치를 할 수 있다. 조합원이나 회원의 재산을 보호하기 위해 검사를 요청할 수 있으며, 신용사업에 대해서는 금융위원회에 검사를 요청 할 수도 있다. 특히, 농협의 조직이 커지면서 조합이나 중앙회의 임원 선거와 관련한 문제들이 많이 발생하고 있다. 이를 법적으로 규제하기 위해 선거의 경우 선거에서 죄를 위반하여 징역형 또는 100만 원 이상의 벌금형을 받으면 당선무효 하도록 하여 공직선거법과 동일하게 시행하고 있다.

표 6 농업협동조합법 구조와 주요 내용

장과 제목	조항	주요 내용
1장 총칙	1조-12조	목적, 정의, 명칭, 법인격, 최대봉사의 원칙, 공직선거, 부과금, 국가 및 공공단체의 협력, 다른 협동조합과의 협력, 다른 법률 적용 배제 및 준용, 근로기준법과의 관계
2장 지역농업 협동조합	13조-102조	목적, 구역과 지사무소, 설립인가, 정관, 출자납입, 조합원, 기관, 총회, 대의원회, 이사회, 사업, 회계, 합병, 등기 등
3장 지역축산업 협동조합	103조-107조	목적, 구역, 조합원자격, 사업, 준용규정
4장 품목별·업종별 협동조합	108조-112조	목적, 구역, 조합원자격, 사업, 준용규정, 조합공동사업법인
5장 농업협동조합 중앙회	113조-161조	목적, 사무소, 회원, 준회원, 출자, 회원책임, 기관, 임원과 직원, 사업, 중앙회의 지도 감사, 우선출자, 농업금융채권, 회계, 준용규정, 지주회사 및 자회사
6장 감독	162조-169조	감독, 위법 의결사항취소, 경영지도, 설립인가 취소, 조합원 감사 청구 등
7장 벌칙 등	170조-177조	벌칙, 선거범죄로 인한 당선무효, 과태료, 선거범죄신고자 보호 등

협동조합의 유형과 사업

03

협동조합이 기존의 시장경제 체제에서 존재할 수 있는 이유는 무엇일까? 협동조합과 영리회사가 어떤 차별성이 있기에 협동조합은 생존할 수 있는가? 시장경제 체제에서 협동조합과 주식회사의 차이를 비교하여 알아보고, 다양한 유형의 협동조합에 대해 알아본다.

가. 시장경제와 협동조합

시장경제가 움직이는 방법

자본주의 성장과 함께 발전한 경제 체제를 한마디로 표현하면 '시장경제'라고 할 수 있다. 사실 '시장경제'는 그 말 자체가 '경제'라는 말과 동일하게 사용되고 있다. 시장 경제의 의미와 작동방법을 생각해보려고 한다. '시장'의 의미를 경제학원론에서는 '시장 : 특정한 재화나 서비스를 사고파는 사람들의 모임'이라고 설명하고 있다. 그런데 여기에서 말하는 '시장[market]'은 여러 가지가 존재한다. 시장은 흔히 접할 수 있는 재래시장이나 마트 같은 실물시장이 있는가 하면, 주식시장과 같은 비실물시장도 있다. 그러나 경제학에서 일반적으로 시장의 경제를 구분할 때는 경쟁시장과 독점시장, 과점시장으로 구분하는 것이다. 경쟁시장 혹은 완전경쟁시장은 '사는 사람(=소비자)과 파는 사람(=공급자)이 매우 많아서 개별적인 소비자나 판매자는 시장 가격에 영향을 미치지 못하는 시장'을 말한다. 과점은 판매자가 소수이며, 독점은 말 그대로 판매자가 오직 하나인 경우이다. 따라서 경제학에서 이야기하는 바람직한 시장은 완전경쟁시장을 의미하게 된다.

그런데 경제학은 몇 가지 가정에서 출발하고 있다. 즉 완전경쟁시장이 되려면 '수많은 소비자와 공급자가 존재하고, 정보가 완전하게 제공되어야 하고, 거기에서 판매되는 물건(재화나 서비스)의 질質이 같아야 한다.'는 것이다. 이러한 조건 아래에서 거래가 이루어지면 시장에 참여하는 소비자나 판매자 모두 최고의 만족(복지 혹은 후생이라고 함)을 얻게된다. 이것이 시장 경제의 바람직한 작동원리이다. 시장경제의 바람직한 작동을 위해서 시장은 완전경쟁 혹은 거의 완전경쟁시장이어야 한다. 물론 독점 혹은 과점 시장도 존재할 수 있지만, 아주 특수한 상품으로 제한된다. 이것도 물론 가정이다.

시장경제는 소비자와 판매자 등 경제 주체들의 상호 작용에 의해 작동한다. 우리가 매일 소비하는 재화나 서비스의 판매자(=공급자)는 거의 대부분 기업들이다. 지금 우리가 말하고 있는 '경제'는 이처럼 수많은 기업들의 행위로 구성된다. 우리는 기업, 특히 대기업 집단이 국민을 먹여 살리기 위해 큰 희생을 하고 있는 집단처럼 여겨왔다. 범죄를 저지른 대기업 총수를 구속하면 우리 경제가 흔들리니 특별히 '사면'해 주어야 한다는 말을 신문에서 당당하게 주장한다. 이런 상황이라서 경제는 곧 기업들의 집합체이며, 대부분 '경제=기업'이라는 인식을 하게 된다. 물론 경제의 작동에는 기업의 역할이 매우 중요하다. 삼성전자, 현대자동차, SK텔레콤 등 수천 명의 근로자를 고용하고 수천 명의 투자자가 소유한 기업이 있는가 하면 한 사람이 소유하고 서너 명의 종업원을 고용한 작은 기업도 있다. 시장경제의 올바른 작동은 기업이 종업원을 고용하여 생산한 재화나 서비스를 수많은 소비자들이 소비함으로서 기업과 소비자 모두에게 만족(이윤)을 제공 한다. 여기에서 기업들은 소비자를 종업원으로 고용하여 제품을 생산하고 있으므로 소비자(=종업원)는 기업에 노동력을 제공하고 기업은 소비자(=종업원)에게 임금을 지불한다. 그 종업원

(=소비자)은 기업에서 받은 임금으로 기업이 생산한 제품을 소비한다. 이렇게 해서 기업과 소비자 모두 만족을 얻는다는 가정이 바람직한 시장경제 체제의 작동이다.

그렇다면 이러한 바람직한 시장 경제 시스템이 실제로 존재하는가? 그동안 시장경제가 '보이지 않는 손'에 의해 작동하고 있다고 믿어 왔는데, 정말 제대로 작동하고 있을까? 완전경쟁시장이 존재하고 있다고 착각하는 것처럼 심각한 문제가 있는데 외면하고 있는 것은 아닐까?

시장실패는 무엇을 의미하는가?

경제학(여기에서 말하는 경제학은 아담 스미스를 중심으로 한 신고전학파 경제학을 말함)에서 인간이 경제행위를 하는 동기는 '이기심'이라고 말한다. 인간은 이기적인 동기에 의해서 '합리적'인 경제 행위를 한다는 것이다. 합리적 행위라는 것은 자원의 낭비를 줄이면서 자기의 만족을 극대화하는 행위를 말한다. 소비자나 공급자(기업) 모두 합리적 행동을 하게 된다는 것이다. 시장경제는 보이지 않는 손의 작동에 의해 소비자, 공급자 모두 만족(혹은 복지) 수준이 올라가게 된다. 아담 스미스는 '보이지 않는 손'이 작동하면 시장에서 자원 배분은 효율적으로 이루어진다고 믿었다.

다시 시장경제 구성의 핵심주체인 기업을 살펴보자. 기업의 목적은 무엇인가? 그 목적에 따라서 기업의 행위는 달라진다. 그리고 기업의 목적과 행동은 시장의 형태에 따라 달라질 수 있다. 소비자와 공급자가 동시에 만족하는 시장을 완전경쟁시장이라고 했다. 만약 어느 한 공급자(기업)가 좀 더 많은 이익을 얻기 위해 가격을 올린다면, 소비자들은 그 제품을 사지 않고 다른 제품을 살 것이다. 동일한 품질의 저렴한 제품이 얼마든지 시장에 있기 때문이다. 그러면 가격을 올렸던 공급자는 어쩔 수 없이 다시 가격을 내리게 될 것이다. 공급자들이 많지 않은 과점시장일 경우 더 많은 이익을 얻기 위해 모여서 가격을 '담합'한다면 정부가 나서서 규제하면 된다. 그런데 공급자가 다수가 아닌 단 하나의 기업이라면 어떻게 될까? 시장경제는 제대로 작동하지 않을 것이다. 제품을 공급하는 기업이 단 하나인 독점시장에서 기업은 자신의 이윤이 최대로 올라갈 때까지 가격을 책정할 것이다(물론 여기에는 복잡한 과정이 존재하고 있으나 생략하자). 소비자들은 가격이 높이 올라갔지만 어쩔 수 없이 구매를 할 수밖에 없다. 완전경쟁일 때 소비자와 공급자의 힘이 균형을 이루었으나, 독점에서는 힘의 균형이 깨지게 된다. 독점에서는 힘의 균형이 기업에게 기울어졌기 때문에 소비자들은 불만족스러워도 계속 소비하게 된다. 이것을 흔히 '시장 실패'라고 한다. 시장 실패는 자원이 비효율적으로 배분되는 상태를 말한다. 힘의 균형이 깨지면 독점이 아니어도 시장 실패는 발생한다. 기업의 목적이 '이윤추구'라는 이기심에 의해 작동할 경우 기업은 비용을 줄이기 시작한다. 비용을 줄이기 위해 종업원의 임금을 삭감하거나, 합리적으로 비용을 줄이기 위해 정규직이 아닌 비정규직을 활용한다. 그리고 이윤을 높이기 위해 상품 가격을 올린다. 힘의 균형이 맞는 완전경쟁시장이라면 이런 일이 발생하지 않았겠지만 시장은 이미 기능을 상실하였다. 시장 실패는 특별한 사건이 아니라 세계 어디서나 자연스럽게 받아들여지고 있다.

어떤 상황이 성공 혹은 바람직한 상황과 반대로 일어나는 경우를 '실패'했다고 말한다. 시장의 바람직한 상태 혹은 올바른 작동은 앞서 이야기한 '완전경쟁시장'과 그러한 시장의 작동을 의미한다. 많은 사람들이 가장 심각한 '시장실패' 중 하나는 '수용할 수 없는' 수준의 불평등을 만들어 내는 것이라고 생각한다. 그러나 신고전학파 경제학에서는 이것은 '시장실패'가 아니다. 이유는 '이상적'인 신고전학파 시장에서는 평등한 소득분배의 실현 이라는 것은 애초부터 가정되어 있지 않기 때문이다. '비경쟁적 시장'은 신고전학파 경제학자의 입장에서 '실패한' 시장의 가장 명백한 사례 중 하나라고 장하준 교수는 말하고 있다.[65] 따라서 경쟁은 '선善'이고, 경쟁을 방해하는 것은 '악惡'이라고 간주한다. 경쟁이 있어야 올바른 시스템의 작동이라고 믿는 것이다.

시장실패가 발생하면, 이론적으로는 정부가 나서서 독점을 규제하면 된다. 정부의 개입으로 자원의 비효율적 배분을 해결할 수 있다. 그러나 시장경제는 정부의 간섭을 싫어한다. '시장'은 저절로 '치유'되니 그대로 놓아두면 된다는 것이다. 정부가 개입해서 제품가격을 올리지 못하도록 강제하거나, 종업원의 임금을 마음대로 삭감하지 못하도록 할 수 없다. 그렇게 하면 시장경제를 훼손한다고 반발하며, 어설픈 개입은 오히려 경제를 더 망가뜨린다는 비판을 받게 된다.

'자본주의'라는 말을 상기해보면, 자본 즉 돈을 중심으로 움직이는 체제라는 뜻이다. 자본을 가지고 움직이는 주체, 즉 기업이 힘을 가지게 된 것이다. 따라서 기업이 시장경제에서 핵심세력으로 자리 잡게 된 것이다. 시장 실패는 이미 발생하기 시작했고, 시장경제 시스템을 통해 이윤추구를 목적으로 하는 기업의 질주를 막을 수도 없다. 정부도 함부로 시장에 개입할 수 없다. 하지만 어떻게 해서든지 힘의 균형을 잃어버린 시장에서 소비자 혹은 생산자들은 자신들의 만족(복지)을 높일 수 있는 대안적인 시스템을 찾아야 했다.

⁚ 시장경제에서 협동조합의 존재

시장경제 시스템이 제대로 작동하면, 정부의 개입도 필요 없고, 대안적인 방법들을 찾을 필요도 없을 것이다. 하지만 시장 실패는 이미 벌어졌고, 세계 곳곳에서 불평등의 문제를 이야기하고 있고, 이러한 불평등은 세계화로 인해 더욱 심화되고 있다. 기업이 변하기를 기대할 수도 없다. 이윤추구라는 기업의 목표도 바뀌지 않을 것이다. 그러한 이유로 할 수 없이 과거부터 지금까지, 작은 지역에서 시작해서 국가 혹은 유럽대륙과 같은 경제공동체까지 대안적인 조직으로 위기에 강한 협동조합의 존재를 인식했고 도입하고 있는 것이다. 사실 협동조합은 자본주의 체제에서 대안적인 조직이 아니다. 다양한 비즈니스 조직의 일부로 성장해 왔다.

시장경제 체제 아래에서 협동조합이 여전히 비즈니스 조직으로 건재한 이유를 찾아보자. 우선 협동조합과 영리회사(혹은 주식회사)의 차이를 먼저 이해해야 한다. 앞장의 협동조합 조직과 운영에서 설명한 것처럼 협동조합은 '조합원 소유 비즈니스[member owned business, MOB]' 라고 불리듯이, 이와 대비되는 개념으로 주식회사는 '투자자 소유 비즈니스[investor owned business, IOB 혹은 investor owned firm, IOF]' 를 통칭하는 명칭으로 사용한다. 이러한 구분에서 알 수 있듯이 가장 중요한 차이점은 '소유권'이다. 소유권의 중요성에 대해서 영국 협동조합 전문가인 존스턴 버챌Johneston Birchall 교수는 몇 가지로 정리하고 있다.[66]

첫째, '소유권'은 비즈니스 이익을 누가 가져갈 것인가를 결정한다. 투자자 소유 기업이라면 주식가치 상승으로 인한 이익은 오로지 투자자들이 가져가게 되고, 다른 이해세력인 직원, 고객, 비즈니스 관계의 다른 기업들은 큰 혜택을 누리지 못하게 될 것이다. 만약 소유권을 가진 세력이 수익보다 다른 목적 즉, 제품의 품질이나 노동자들의 근무환경 등을 더 중요하게 여긴다면 비즈니스의 형태가 달라질 수 있다.

둘째, '소유권'은 비즈니스의 '통제권'을 누가 가져갈 것인가 결정한다. 비즈니스에서는 서로 다른 이해관계자들 사이의 의견충돌이 발생한다. 왜냐하면, 모든 이해관계자들의 이익을 다 만족시킬 수 없기 때문이다. 생산자, 소비자, 직원, 고객 모두들 만족시키려 하다보면 비즈니스는 방향을 잃게 될 것이다.

셋째, '소유권'은 언제나 비용을 발생시킨다. 비즈니스에서 외부의 이해자들 사이에서는 거래비용이 발생하고, 내부 이해 관계자들은 거버넌스 비용을 지불하게 된다. 소유권을 가진 이해관계자들이 많을수록 기업은 더 높은 비용구조를 가지게 된다.

넷째, '소유권'은 폭넓은 비즈니스 기회를 제공할 수 있다. 특히 조합원 소유 비즈니스는 소비자들에게 더 많은 선택 기회를 주고, 독점을 막아주며, 혁신의 가능성을 제공할 수 있다. 반면에 투자자 소유 비즈니스는 계속해서 경쟁해야 하는 구조를 가진다.

주식회사는 투자자 소유 비즈니스[IOB]이다. 따라서 투자자(혹은 주주)들이 기업을 소유하는데, 그 목적은 '투자자의 이익(배당금과 주가차익)'을 극대화하는 것이다. 따라서 이윤을 최대한 많이 올려야 한다. 비즈니스의 전략을 수립하는 데 수익성이 기준이 되며, 사업목표와 전략이 세워진다. 그러한 전략을 달성하는 도구는 시장지배력이다.[67] 수익경영을 위해 수익은 극대화하고 비용을 최소화하는 전략을 활용한다. '소유자=투자자' 이기 때문에 이러한 수익경영을 통해 얻어진 이익금은 출자액에 비례하여 투자자들에게 배분된다. 〈그림 8〉

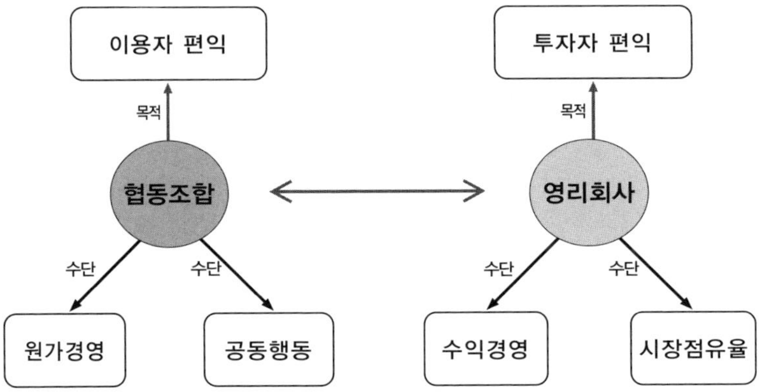

그림 8 협동조합과 영리회사의 목적과 수단[68]

반면 협동조합은 조합원 소유 비즈니스[MOB]이다. 즉 소유권이 조합원에게 있다. 조합원은 자신의 사회적, 경제적 목적을 위해서 협동조합을 이용하는 이용자이기 때문에 이용자 소유 비즈니스라고도 한다. 따라서 협동조합의 목적은 영리회사처럼 투자자 편익이 아닌 '이용자 편익[user benefit]'을 극대화하는 것이다. 목적을 달성하기 위한 수단에서도 협동조합과 영리회사의 차이가 발생한다. 협동조합은 '소유자=이용자=조합원'으로 참여하는 이용자들이 필요로 하는 재화와 서비스를 최선의 가격으로 거래하여 경제적 이익을 높여야 한다. 아무리 협동조합이라고 하더라도 조합원은 비즈니스에 참여한 경제주체이다. 경제적 이익이 없다면 협동조합에 참여할 동기가 많이 사라질 것이다. 따라서 조합원이 얻을 수 있는 경제적 이익은 협동조합이 영리회사에 비해서 얼마나 유리한 가격으로 재화와 서비스를 제공하는가에 따라 달라진다. 조합원이 얻게 되는 '이용자 편익'을 창출하기 위해서 협동조합은 원가경영과 공동행동이라는 수단을 활용한다. '원가경영'은 협동조합이 비즈니스를 통해 얻을 수 있는 이윤을 최소화하면서, 조합원에게 제공하는 가격은 최대(혹은 최소)로 하는 방법이다. '공동행동'은 영리회사와 경쟁해야 하는 협동조합이 조합원들의 참여를 강화하고 원가 경영을 통해 사업경쟁력을 높이는 수단이 될 수 있다.

'소유자=이용자=통제자'인 협동조합은 이윤 최소화에 기초하여 이용자 편익을 만들어 내고, 사업이익은 이용액에 비례하여 조합원에게 배분한다. 출자액에 비례한 배당은 기본법과 정관에 의해 일정 수준 이하로 제한되며, 금리도 제한된다.

영리회사는 수익경영과 시장점유율을 높이는 방식을 사용한다. 독과점처럼 시장점유율을 높여야 가격 통제권을 가질 수 있다. 즉, 시장점유율이 높으면 더 높은 가격으로 판매하거나 혹은 더 저렴한 가격으로 원재료를 구매할 수 있게 된다. 반면에 협동조합은 원가 경영을 수단으로 이용자에게 최선(소비자에게는 최저, 생산자에게는 최고의 가격)의 가격을 제공한다. 원가 경영을 위해서는 조합원의 공동행동이 수반되어야 한다. 이러한 공동행동은 조합원이 협동조합의 사업 목적에 동의하는 투자자이면서 이용자이기 때문에 협동조합은 충성, 헌신, 사업 참여, 지지 등을 얻을 수 있다. 이것은 투자자 소유 비지니스와 비교하여 협동조합의 보편적 비교우위[comparative advantage]라 한다. 반대로 협동조합 사업목적이 조합원들의 목적과 일치하지 않을 때 조합원들은 협동조합에 흥미를 잃고, 사업에 참여하지 않을 것이다. 조합원들이 공동으로 사업에 참여하고 이용하는 방법은 영리회사의 시장점유율을 통한 수익 경영보다 경쟁력이 높아야 협동조합이 지속될 수 있다. 따라서 시장경제에서 협동조합의 경쟁력은 영리회사의 독과점 가격과 협동조합의 가격차액에 해당한다. 만약 시장이 완전경쟁시장이어서 아무도(특히, 기업) 시장 가격에 영향을 미치지 못하고 가격이 수요와 공급의 균형에 의해 이루어지는 경우 협동조합의 장점 또한 사라지게 될 것이다.

경제 위기에서도 성장하는 협동조합

협동조합의 역사에서도 살펴 보았듯이 협동조합은 경제적, 사회적 격변기에 약자들이 불황과 궁핍을 극복하기 위해 자주적으로 조직하였다. 그렇게 조직된 협동조합들은 호황기에도 사라지지 않고 오히려 기반을 튼튼하게 구축하였다. 이러한 축적된 역량은 금융위기에 더욱 빛을 발휘했다. 2008년 금융위기 상황에서 서구의 협동조합은행, 저축 및 신용협동조합, 신용조합 들은 엄청난 양의 공적자금을 받아 위험을 벗어난 다른 투자자소유 은행들과 달리 정부의 도움을 거의 받지 않고 위기를 극복했다.[69]

이러한 위기에 강한 협동조합의 존재는 세계 여러 나라에서 통계로 나타나고 있다. ICA 발표에 따르면 2004년에 이미 전 세계 상위 300개의 협동조합은 캐나다 GDP와 동일한 산출량을 기록했다고 발표했다. 2015년 이들 상위 300개 협동조합은 2조 2천억 달러의 산출량을 기록하여 브라질 전체 GDP와 동일한 금액이며, 27개 국가에서 활동하는 상위 300개 협동조합은 보험부문에서 41%, 농업부문 30%, 도소매 분야에서 19%, 은행 금융업 분야에서 6%를 차지하고 있는 것으로 조사되었다.

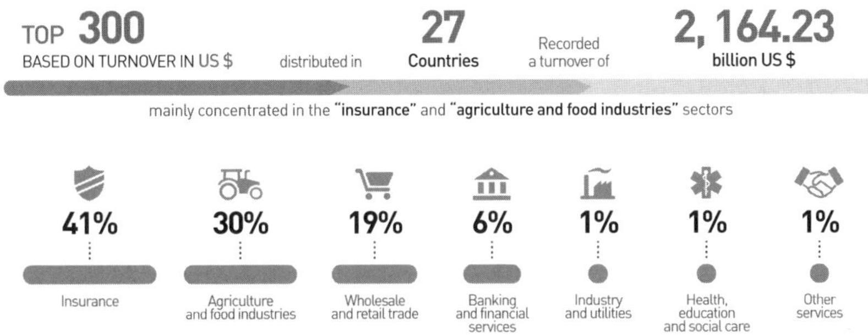

그림 9 세계 300개 협동조합의 실적[70]

나라별로 협동조합의 생산량은 캐나는 국가 전체의 45%, 뉴질랜드 22%, 필란드 21%, 스웨덴은 16%, 스위스 13%의 비중을 차지하고 있다. 사업부문별로 협동조합은 상당히 높은 시장점유율은 가지고 있다. 예를 들면, 우유생산 영역에서 노르웨이는 99% 협동조합이 담당하고 있다. 뉴질랜드에서는 95%, 미국에서도 80% 이상을 차지하고 있다. 한국에서는 수산업에서 71%, 브라질 농업에서는 40%를 협동조합에서 차지하고 있다.[71]

협동조합은 고용창출에서도 커다란 역할을 하고 있다. 2015년 세계 협동조합은 2억 5천만 명을 직·간접적으로 고용하고 있다. G20 국가의 경우 전체 고용인구의 약 12%가 협동조합에 고용되어 있다. 이탈리아, 스페인 등 협동조합의 영향력이 큰 나라일수록 고용규모는 많다. 예를 들어 스페인 몬드라곤 코퍼레이션Mondrgon Corporation은 약 10만 명이 넘는 인원을 고용하고 있다. 이탈리아 북부 지역에서는 전체 고용인구의 6.5%인 125만 명이 협동조합에 고용되어 있다.

ICA에는 100여 개 국가 10억 명의 조합원이 속해 있다. 지역별 인구 비율로 보면 싱가포르는 인구 두 명 중 한 명이 조합원이다. 캐나다, 뉴질랜드, 온두라스에서는 세 명 중 한 사람, 미국, 말레이시아, 독일은 네 명

중 한 명이, 케냐에서는 다섯 명 중 한 명이 코스타리카에서는 열 명 중 한 명이 조합원이다.[72]

국제 협동조합 보험 연합[ICMIF, The International Cooperative and Mutual Insurance Federation]이 발표한 글로벌 협동조합 및 공제보험 연합 자료에는 세계 77개국 시장의 3,300여 기업을 보험수입에 근거하여 500위까지의 기업리스트가 수록되어 있다. 2011년 글로벌 500의 총 보험료는 1조 1,890억 달러[USD]로 총 보험료의 98%를 차지하고 있다. 리스트의 78%인 348개 기업이 꾸준히 성장하고 있으며, 북미와 유럽의 공제 협동조합이 전체 리스트의 85%를 차지하고 있다.

이처럼 협동조합이 가진 장점 중의 하나는 위기 속에서도 사업이 위축되지 않고 오히려 성장한다는 것이다. 다양한 분야에서 협동조합들은 위기를 더 잘 극복하고, 신설 생존율도 높게 나타나고 있다. 가장 큰 이유는 협동조합은 투기적 목적이 낮기 때문이다. 투자 이익을 많이 얻기 위해서는 은행 등 외부로부터 과도한 자본을 차입하게 된다. 하지만 협동조합은 공동의 참여를 통한 이용편익이 목적이므로 조합원 자본을 통한 사업 확장이 보편적이다. 따라서 위험 회피성향이 높은 고객들을 대상으로 하게 된다. 협동조합 금융기관은 조합원 소유이기 때문에 다른 금융기관에 비해 위험회피 성향이 높다. 부적절하게 대출을 추진하지도 않으며, 위험 자산에 투자하지도 않는다. 미국에서 시작된 글로벌 금융위기도 '서브프라임 모기지 론(sub prime mortgage loan[73],비우량담보대출)' 즉, 신용등급이 낮은 개인을 상대로 높은 금리를 받고 과도한 대출을 해줌으로써 발생한 부실이었다. 반면에 협동조합은 조합원 예금 등을 통해 자본을 조달하며, 조합원에게 안정적인 대출과 수익률을 제공하기 때문에 금융위기 이후에도 경영에 있어 안정적일 수 있었다.

나. 다양한 유형의 협동조합

⁝ 협동조합 유형 구분

협동조합은 그 다양성 때문에 이해하기가 쉽지 않다. 특히, 우리나라는 협동조합 기본법 이후에 수많은 사업 분야에 연간 수천 개의 협동조합이 설립되고 있다. 비슷한 이름을 사용하는 협동조합이 많고, 사업 분야도 유사해서 혼란스러운 것이 사실이다. 하지만 협동조합의 유형을 먼저 이해하고, 사업 분야를 살펴본다면 쉽게 구분이 가능하다. 예를 들어, 요즘은 어디에서나 쉽게 협동조합 슈퍼마켓 매장을 볼 수 있다. 겉으로는 유사한 협동조합 슈퍼마켓이지만 어떤 사람들이 어떠한 목적으로 설립하고, 소유했는가에 따라 협동조합의 유형이 달라진다.

협동조합은 투자자소유가 아닌 조합원 소유, 이용자 소유의 특징이 있음을 이미 설명하였다. 어떠한 비즈니스 조직이든 소유관계를 먼저 파악하는 것이 중요한데, 누가 소유하는가에 따라 조직의 성격이 크게 달라지기 때문이다. 즉, 누가 어떠한 필요에 의해서 비즈니스를 하는가에 대한 해답은 '소유주가 누구인가'로 확인이 가능하다. 비즈니스 조직을 구성하는 주체는 투자자와 생산자, 소비자, 종업원 등으로 나눌 수 있다. 여기서 투자자와 나머지 이해관계자들 중 누가 자본을 소유하고 있는가를 먼저 파악하면 된다.

협동조합은 일반적으로 누가 주체가 되는가에 따라 크게 '소비자협동조합', '생산자협동조합', '직원협동조합', '다중이해관계자 협동조합' 등 4가지 유형으로 구분된다. 최근에는 산업이 다양화 복잡화되면서 생산자의 영역이 확대되었다. 과거에는 생산이라고 하면 단순하게 농수축산물을 공동생산하고 공동으로 판매하기 위한 협동조합 활동이 대부분이었다. 그러나 산업이 발달하면서 생산의 영역은 개별 사업자들이 수익 창출을 위해 원재료의 구입, 제품의 판매, 마케팅, 기술개발 등을 하는 활동으로 진화하였다. 따라서 협동조합의 활동도 이러한 사업자들의 요구를 공동으로 수행하기 위한 목적으로 조직하게 된 것이다. 생산자 협동조합이 단순 생산자 뿐 아니라 다양한 업종의 필요에 따라 '사업자 협동조합'으로 확대 진화된 것이다.

여기에 생산자와 소비자 혹은 소비자와 직원이 동시에 조합원이 되어 사업을 공유하는 형태가 있다. 이러한 협동조합은 사업영역에서 다양한 이해 관계자들의 이익을 증대하기 때문에 '다중이해관계자 협동조합' 이라고 부른다. 따라서 일반 협동조합은 소유 유형에 따라 크게 네 가지 유형으로 구분할 수 있다.

이상과 같이 소유 주체에 의한 유형 분류는 아니지만, 다양한 이해관계자들이 참여하여 취약계층에게 일자리 및 공공 서비스를 제공할 목적으로 설립한 사회적 협동조합이 있다. 협동조합 기본법에 의해서 사회적 협동조합은 영리법인이 아닌 비영리법인으로 인가를 받게 되며 사업의 40% 이상은 공익 사업을 해야 한다. 이러한 유형분류는 소유의 주체와 설립 목적에 따라서 협동조합을 크게 5가지 유형으로 구분할 수 있다. 〈표 7〉

표 7 협동조합의 다양한 유형 구분

유형	정의	사업내용	사례
소비자 협동조합	·조합원의 소비생활을 위해 물품의 공동구매나 서비스의 공동이용	·식품이나 생필품공동구매 ·육아, 교육, 주거 등 공동서비스	·icoop생협 ·의료소비자 협동조합

생산자 (사업자) 협동조합	·생산자(사업자)들이 수익창출을 위해 공동구매, 판매 등의 목적	·사업자들이 원재료의 공동구매, 제품의 공동판매, 공동브랜드, 마케팅 등 서비스 이용 ·농민들의 공동구매, 공동생산, 공동판매	·빵집협동조합 (사업자) ·완주한우 협동조합 (생산자)
직원 협동조합	·직원이 함께 조합을 소유하고 관리, 이용하여 일자리를 창출	·협동조합에 직접 고용되는 직원으로 조합원의 2/3이상이 직원이고, 전체직원의 2/3이상이 조합원 직원이어야 함. ·조합원이 아니어도 물품구매, 서비스 이용은 가능	·해피브릿지 ·택시협동조합
다중 이해관계자 협동조합	·둘 이상 유형의 조합원들이 복리 증진 및 생활향상을 목적으로 함	·생산, 소비, 직원, 고용, 사회적서비스 제공 등 다양한 형태의 사업	·옥천살림협동조합
사회적 협동조합	·취약계층에게 일자리 제공 및 사회적 서비스의 제공을 목적으로 설립	·전체 사업의 40% 이상 공익사업을 수행해야 함 ·지역의 취약계층에 일자리를 제공하는 사업	·한국주거복지 사회적협동조합

〈표 7〉에 의해 앞에서 예로 들었던 협동조합 슈퍼마켓을 분류하여 보자.

첫째, 소비자들이 안전한 유기농식품을 저렴하게 소비하고자 협동조합을 조직했다면 소비자 협동조합이 된다. 한살림, 아이쿱 등이 대표적인 소비자협동조합이다.

둘째로, 동네 빵집 사장님과 정육점 사장님들이 힘을 합쳐 슈퍼마켓을 만들어 함께 운영한다면 사업자협동조합이 될 것이다. 로컬푸드의 선두주자라고 할 수 있는 완주 로컬푸드 협동조합이 대표적인 형태일 것이다.

세 번째는 기존에 운영되던 기업형 슈퍼마켓이 운영상의 이유로 폐업하려고 하는데, 거기에 종사하던 직원들이 협동조합을 만들어 슈퍼마켓을 인수하여 운영한다면 직원 협동조합이 될 수 있다. 제주에서 활발하게 활동하는 행복나눔 마트협동조합이 직원협동조합이라 할 수 있다.

네 번째는 소비자와 생산자, 사업자, 직원들이 모두 참여하여 각자 목적은 다르지만 슈퍼마켓이라는 사업을 통해 운영한다면 다중이해 협동조합이라 부를 수 있다.

다섯 번째, 여러 이해관계자들이 참여하여 슈퍼마켓을 통해 지역 장애인들에게 일자리를 제공하고자 한다면 사회적 협동조합의 한 형태가 될 수 있다. 전국적으로 사회적기업 인증을 받은 사회적 협동조합 마트가 많이 있는데, 강원도 동해의 가온협동조합 등이 대표적이다. 이렇게 동일한 모습의 슈퍼마켓이 소유주체와 설립목적에 따라 다양한 유형으로 분류가 가능하다.

위의 5가지 유형구분으로 보면 협동조합의 유형이 단순해 보이지만 몇 가지 문제점들을 가지고 있어 결코 단순하지 않다. 우선, 협동조합에 참여하는 이해관계자들의 정체성이 그렇게 단순하지 않기 때문이다. 물론 단일 이해관계자인 경우는 상관없겠지만 다중이해 관계자 협동조합처럼, 다양한 이해관계자들이 참여한 경우 상호 이해관계가 충돌할 수 있다. 생산자이면서 소비자이기도 하고, 협동조합의 직원이면서 동시에 고객이 될 수도 있기 때문이다. 우리에게 익숙한 농업협동조합의 경우처럼 조합원은 농협을 통해 자신이 생산한 생산물을 판매하는 생산자이지만, 농협을 통해 비료, 농약 등 영농자재를 구매하고 하나로 마트에서 식품을 구입해서 소비하는 소비자이기도 하다. 아이쿱 생활협동조합 같은 소비자 생활협동조합 직원은 고객이 될 수도 있고 동시에 조합원이 될 수도 있다.

협동조합이 이처럼 단순하지 않은 다른 이유는 하나의 협동조합에 다양한 유형의 사람들이 참여할 수 있다는 것이다. 예를 들면, 신용협동조합의 조합원은 개인이 참여하기도 하고, 소규모 점포를 경영하는 사업주도 참여한다. 개인고객과 사업주는 신협을 이용하는 목적이 다를 수 있다. 협동조합은 다양한 이해관계자들이 참여하는 경우 유형구분이 복잡해진다. 또한 집단 간 정체성을 이해하고, 충돌 없이 사업을 공유해야 하는 어려움이 있다. 다양한 이해관계자들이 참여하는 경우 거버넌스 비용이 늘어나기 때문에 다양한 이익집단들이 참여하기 어려울 수 있다.[74] 하지만 정체성이 다양한 이해관계자들이 신뢰와 협력으로 사업을 공유할 경우 협동조합의 장점이 잘 나타날 수 있다.

소비자 협동조합

소비자 협동조합은 가장 널리 알려진 협동조합 유형이다. 협동조합의 역사에서도 알 수 있듯이 영국의 로치데일 공정선구자 협동조합은 소비자협동조합이면서 가장 먼저 성공한 협동조합이다. 이후 소비자 협동조합은 협동조합이 정착된 많은 국가에서 꾸준하게 확산되었다. 소비자들이 자신들의 소비 생활에 필요한 물품을 직접 구매하기 위해 조직을 만든다는 소비자협동조합의 기본 구조는 매력적이어서 심지어 2차 대전

기간에도 꾸준하게 성장하였다. 소비자 협동조합이 짧은 기간에 성공한 일본의 경우 1960년대 대규모 소비자 운동의 영향을 받아, 불량식품 금지, 환경오염 방지 운동과 함께 소비자협동조합이 성장하였다. 우리나라 생협운동도 비슷한 배경에서 확산되었다.

소비자 조합원들은 자신들이 필요로 하는 물품을 공동으로 구매하거나, 공동으로 이용함으로서 편익을 제공받고 협동조합은 저렴하게 상품을 구매하여 소비자에게 판매함으로써 이익을 만들어 낸다. 협동조합이 취급하는 물품은 농산물, 식품, 생필품 등 생활에 필요한 기본 소비재로부터 주택에 이르기까지 다양하다.

공동으로 물품을 구매하는 사업영역은 이제 육아, 교육, 은행, 보험 같은 공동 서비스 영역까지 확대되었다. 최근에는 의료, 통신, 전력 서비스까지 소비자 협동조합의 사업 영역은 다양해지고 있다.

의료, 교육, 육아 서비스 등은 이미 기존에 규모화 되고 체계적인 비즈니스를 갖추고 있는 영역이다. 사실 의료나 교육 같은 전문영역은 협동조합 설립과 운영이 쉬운 일은 아니다. 그럼에도 협동조합을 통해 공동으로 서비스를 이용하려는 이유는 무엇일까?

의료나 교육 사업 영역은 기존의 서비스에 대한 불만을 가진 소비자들이 매우 많은 영역이다. 일부 취약지역에서는 제대로 된 의료기관이 없어 적절한 의료 서비스를 받지 못하는 것이 현실이다. 사실 1시간이 넘도록 병원 대기실에 앉아 있지만 의사와 상담은 1분도 채 하지 못하고 나온 경험은 누구나 있을 것이다. 환자의 이야기를 제대로 들을 시간조차 없이 또 다른 환자를 만나야 하는 것이 지금의 의료 서비스의 현실이기 때문이다. 따라서 소비자들은 의료 전문가(의사)를 고용하여 자신이 원하는 충분한 서비스를 받기 원하고 있다. 그러한 요구에 협력하여 환자를 존중하고 제대로 된 치료를 제공하고 싶어 하는 의료인들이 함께 의료소비자협동조합을 결성하게 되었다. 물론 의료 소비자협동조합은 설립절차 등 인가기준이 다른 협동조합에 비해 엄격하기는 하지만 향후 의료 협동조합은 소비자들에게 큰 호응을 얻을 것으로 예상된다.

소비자 협동조합은 우수한 품질 혹은 서비스를 공급하기 때문에 조합원에게 제공하는 이익이 뚜렷하다. 따라서 조합원의 참여율도 높으며 협동조합도 많은 사업 이익을 얻을 수 있다. 조합원의 참여율이 높고 협동조합 설립도 많아지면, 그에 비례하여 협동조합 간 혹은 동종 비즈니스 조직 간 경쟁이 확대될 것이므로 이를 대비하여 경쟁력을 확보하는 것이 요구된다. 또한 조합원의 참여가 늘어나는 만큼 협동조합의 정체성과 가치가 흐려지지 않도록 철저한 준비와 교육이 필요하다.

생산자(사업자) 협동조합

사업자 협동조합은 말 그대로 사업자들이 협동조합의 공동 소유주가 되는 것이다. 사업자협동조합은 자영업자들과 가족단위 사업에 종사하는 사람들이 '시장지배력'을 행사할 수 있도록 도와준다. 사업자 혹은 자영업자는 1차 생산물을 생산하는 농 · 수 · 축산물 생산자들부터 소규모 제조업, 음식점 등 소규모 점포를 운영하는 경영주와 건축사, 디자이너 등 전문직에 종사하는 사람들까지 범위가 매우 다양하다.

사업자 협동조합의 사업 형태는 참여하는 자영업자들의 사업 목적에 따라 달라진다. 자영업자들은 생산 과정을 각각 개별적으로 진행하면서 원재료를 공동 구입하거나 값비싼 생산 설비를 공동으로 이용하여 생산비용을 절감하고자 한다. 그러면서도 수익을 높이기 위해 생산성을 향상시켜야 한다. 뿐만 아니라 생산된 제품 혹은 서비스를 공동으로 판매하기 위해 유통 경로의 공동이용, 공동 브랜드 사용, 공동 판매장 이용, 마케팅 등을 진행한다.

대표적인 유형으로 농업생산자들이 모인 농업협동조합이 있다. 1차 생산자인 농업인, 어업인, 축산인들은 자신들의 농장에서 생산물을 생산한다. 대부분 영세한 생산자들은 토지, 농기계, 농기구, 비료, 사료, 어선, 그물 등 생산에 필요한 생산 요소를 마련하는 데 많은 자본을 필요로 하게 된다. 조금이라도 생산비용을 절감하기 위해서는 공동구매 등을 이용해야 한다. 또한 각종 생산물이나 가공품을 판매하기 위한 시장 확보에 공동으로 노력한다. 특히 미국, 유럽 등은 농산물을 판매하기 위한 마케팅협동조합 설립이 활성화되어 있는데 우리가 잘 알고 있는 썬키스트 sunkist 등이 대표적 농산물마케팅협동조합이다.

사업자에 해당하는 제조업, 소상공인 협동조합은 협동조합 기본법 이후 가장 많이 설립된 협동조합이다. 이들은 각자 사업자 등록증을 가지고 있거나, 사업자 등록증이 없어도 각자의 사업장에서 생산을 하고 있다. 하지만 골목 상권마저 대기업들이 장악한 상황에서 자영업자들은 상호 협력을 통한 사업 성과를 올리기 위해 협동조합에 참여하고 있다. 사업자 협동조합이 많이 설립되는 것은 그만큼 자영업자들이 처한 상황이 어렵다는 뜻이기도 하다. 동네 빵집, 미용실, 학원 등 동종업 뿐만 아니라 한우 사육농가와 한우유통업자, 식당업자 등이 결합한 이종異種 협동조합 설립도 흔하게 이루어지고 있다.

⁚ 직원 협동조합

직원 협동조합은 노동자 협동조합이라고도 부르는데 직원들이 결성한 협동조합이다. 직원들이 조합원이 되어 소득 창출의 기회를 제공할 뿐만 아니라 양질의 일자리를 만들어가는 데 목적이 있다. 자본주의의 발달과 함께 세계적으로 저임금, 고용불안이 심화되고 있다. 우리나라는 금융위기 이후에 상시 해고, 비정규직 고용 등 불안정한 근로계약이 일반화되고 있어서 많은 노동자들이 불안해하고 있다.

고용불안에 처한 근로자들이 함께 사업장을 만들고 일하면서 안정적인 일자리를 만들고자 직원 협동조합에 참여하고 있다. 상당수의 직원 협동조합은 기존의 주식회사로 운영하던 기업들이 여러 가지 이유로 협동조합으로 전환한 경우이다.

직원 협동조합은 사업자협동조합과 구분이 애매할 수 있다. 앞서 예로 들었던 협동조합 슈퍼마켓의 경우처럼 기존의 과일가게, 정육점, 제과점 사장님들이 협력하여 슈퍼마켓을 설립하면 사업자 협동조합인지 아니면 직원협동조합인지 혼란스러워진다. 물론 협동조합 기본법에 직원협동조합이라는 별도의 정의는 없다. 하지만 기본법에서는 조합원의 2/3 이상이 직원이고, 조합원인 직원이 전체 직원의 2/3 이상인 경우는 임원의 겸직을 허용하고 있음을 근거로 직원협동조합으로 해석하고 있다. 즉 과일가게, 정육점 사장님들이 협동조합의 직원으로 고용되어 근로계약을 체결하면 직원 협동조합이 되겠지만 각자 사업자 등록을 유지하고 협동조합에 참여하면 사업자 협동조합이 되는 것이다.

직원 협동조합은 직원인 조합원이 협동조합의 소유주체 즉 사용자이면서 직원이라는 이중적인 지위를 가진다. 따라서 일반 협동조합은 직원이 임원 즉 조합장, 이사 등을 겸직할 수 없으나 조합원의 2/3 이상이 직원인 경우 임원 겸직이 가능하다.

기업 조직이 다양한 미국이나 유럽에서는 투자자 소유기업을 사원 주주제를 통해 직원들이 소유권을 보유한 기업으로 전환을 많이 하고 있는데 직원 협동조합과 유사한 형태라고 할 수 있다. 사원주주제 기업은 직원들이 자신들에게 호의적인 환경에서 자신들의 뜻대로 행동할 수 있는 자율성이 주어지므로 투자자소유기업보다 여러 요건들이 상호보완을 이루고 있다. 여러 다른 요소들이 나란히 같은 방향 즉, 기업의 성공을 지향하고 있어 사람들은 행복을 느끼고 최상의 성취를 발휘하고 있다. 사원주주제는 근로 방식을 매우 본능적인 차원에서 직원들의 마음을 끌어 당겨서 매우 놀라운 성과를 달성하고 있다.[75]

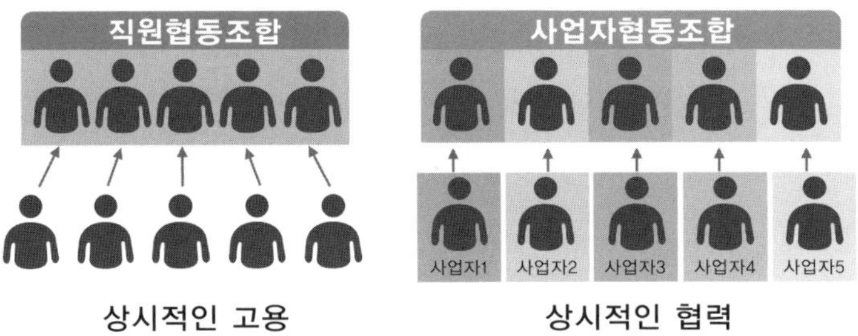

그림 10 직원협동조합과 사업자협동조합의 비교[76]

회사의 성공을 위해 모두가 사장님처럼 노력하는 조직이 있다면 결코 실패하지 않을 것이다. 직원 협동조합은 모든 직원들이 곧 사장님이기 때문에 책임의식과 열정을 가지고 일할 수 있다. 다만 모두가 사장님의 자세로 권리만 누리려고 하거나 갈등이 발생했을 때 해결을 위한 커뮤니케이션이 어려울 수 있다. 경영진이 투명한 정보공개를 하고 직원들은 사업에 대한 충분한 이해가 있어야 한다. 상호신뢰가 바탕이 되어야 진정한 주인의식을 발휘할 수 있기 때문이다.

፧ 다중이해관계자 협동조합

다중이해관계자 협동조합은 둘 이상의 소유 주체들이 모여 결합한 협동조합이다. 예를 들면, 슈퍼마켓 협동조합에 자신들이 생산한 농산물을 공급하는 생산자 조합원과 그 공급된 상품을 구매하는 소비자 조합원, 매장을 관리하는 직원 조합원 등으로 구성되어 있다면 다중이해관계자 협동조합이 될 수 있다. 이처럼 다양한 유형의 조합원이 참여하는 다중이해관계자 협동조합이라면 운영의 투명성과 효율적인 의사 결정구조를 위해서 대의원, 이사회에 서로 다른 둘 이상 유형의 조합원이 임원으로 참여하는 것이 바람직할 것이다. 일반적인 소비자 협동조합에도 생산자와 직원이 각각 소비자조합원으로 가입하는 경우가 있다. 이런 경우에 생산자와 직원은 조합원으로 이용만 할 뿐 협동조합의 사업방향이나 의사결정에 참여하지는 않으므로 다중이해관계자 협동조합이라고 볼 수 없다. 따라서 이렇게 다양한 소유 주체들이 참여하는 경우, 각 주체들의 의견을 반영하고 효율적인 의사결정과 협동조합의 가치를 공유하기 위해서 임원의 비율을 적절하게 조정하는 것이 필요하다.

하지만 현행 협동조합 기본법에서는 임직원 겸직 금지조항이 있어서 이사회까지 둘 이상으로 구성할 수 있는 다중이해관계자 협동조합은 직원이 조합원의 2/3 이상이고, 전체 직원의 2/3 이상이 조합원이면서 생산자나 소비자가 조합원과 임원으로 소수 참여하는 직원협동조합, 소비자와 생산자로 구성된 다중이해 관계자 협동조합과 사회적 협동조합이다. 다시 말해, 직원이 임원으로 참여할 수 있는 다중이해관계자 협동조합은 직원협동조합 중심이거나 소비자와 생산자만 참여하는 경우로 한정된다.

⁘ 사회적 협동조합

지금까지 소유주체와 사업 목적에 따른 유형별로 분류한 협동조합이 영리적인 협동조합이라면 사회적 협동조합은 비영리적 협동조합이다. 사회적 협동조합은 생산자, 소비자, 직원 등 다수의 이해관계자들이 소유주체로 참여하면서 공익적 목적의 사회적 서비스를 제공하는 공적 성격을 가진다.

사회적 서비스는 국가의 공적 영역인데 협동조합과 같은 민간조직이 담당해야 하는가에 의문을 가질 수 있다. 물론 사회적 서비스 제공이 공적 부문이기는 하지만 협동조합과 같은 사회적 경제 조직이 제공하는 국가가 많이 있다. 자본주의가 발전하면서 경제적인 영역은 더욱 강력해졌다. 1970년 이후 오일쇼크 등 경제위기에 처한 유럽의 경제는 전략적으로 민간조직에 의한 사회적 서비스의 제공이 논의되기 시작했다. 시민사회와 협동조합, 공제회 등이 경제적 활동뿐만 아니라 사회적 문제에 대해 적극적으로 개입하기 시작하였다. 신자유주의 영향으로 '작은 정부'를 추구하는 정부 조직이 재정지출을 줄이고 공기업의 민영화 등 공적 영역을 시장 즉, 사적私的 영역으로 축소시켰다. 이러한 흐름에 따라 국가와 시장과는 구분되는 비정부 조직인 사회적 경제 조직이 일자리 창출, 사회서비스 제공, 공익증진사업 등을 수행하고 있다. 사회적 협동조합은 1991년 이탈리아에서 가장 먼저 법적으로 인정받았으며, 한국의 경우도 2012년 협동조합 기본법에 의해 사회적 협동조합 조항을 만들어 보장하고 있다. 사회적 협동조합은 영리 기업이나 국가 기관과 달리 공적 지원시스템이 제도화되지 않은 영역으로 복지서비스를 확대할 수 있는 장점이 있다. 영리기업처럼 수익을 추구하지 않으므로 꼭 필요한 영역의 서비스를 제공할 수 있다. 국가기관은 의료보험, 돌봄 서비스 등 제도적 지원으로 서비스를 제공하고 있으나 아직까지 제도적 지원이 취약한 분야는 활동이 미흡할 수 있다. 이러한 경우 사회적 협동조합은 국가의 제도적 지원이 없이도 다양한 사회적 주체들이 후원, 자원봉사 등을 통해 서비스를 제공할 수 있다.

표 8 일반 협동조합과 사회적 협동조합 비교[77]

	일반 협동조합	사회적 협동조합
설립목적	조합원의 필요	공익적 목적
법인격	법인	비영리법인
설립	시·도지사	기획재정부(관계부처)인가
감독	없음	있음
사업	업종 및 분야 제한 없음 (금융·보험제외)	공익사업 40% 이상
부수사업		소액대출 및 상호부조
배당	가능	금지
청산	정관에 따라 잔여재산처리	비영리법인, 국고 등 귀속
유형	사업자, 직원, 소비자, 다중이해관계자	다중이해관계자

사회적 협동조합은 협동조합 기본법 제93조에 주사업 분야를 정하고 있다. 일반 협동조합은 영리법인이지만 사회적 협동조합은 비영리법인으로 세제혜택, 기부금단체 지정 등을 받을 수 있기 때문에 설립절차와 운영상의 활동을 엄격하게 규정하고 있다.

사회적 협동조합의 주 사업은 지역사회 재생, 지역경제 활성화, 지역주민들의 권리 증진, 취약계층의 복지 · 의료 · 환경 등 사회서비스 또는 일자리 제공, 국가 · 지방자치단체로부터 위탁받은 사업, 기타 공익 증진에 이바지하는 사업 중에서 하나 이상의 주 사업을 해야 한다. 즉, 협동조합 전체 사업의 40% 이상이 공익목적의 사업이어야 한다는 것이다.

사회적 협동조합은 규정에 따라 일반 협동조합과 달리 배당을 하지 않는다. 이는 엄격한 의미에서 배당을 강조하는 협동조합 운영원칙과는 배치되는 조항이다. 다양한 이해관계자들이 자발적인 참여로 사회적 서비스를 제공하므로 자원의 효율적인 활용을 위해 고민이 필요하다. 또한 많은 조합원이 참여하도록 하며, 의사결정이 신속하기는 하지만 민주적 절차와 방법으로 조합원, 자원봉사자, 직원, 서비스 이용자 등 다중 이해관계자 사이의 균형 관계를 유지하는 것이 필요하다.

다. 협동조합 사례와 특징

협동조합은 소유주체와 사업영역에 따라 다양한 유형으로 분류할 수 있지만 공통의 목적은 '사업을 통한 조합원의 이익 제공'이다. 그러므로 협동조합이 '사업체를 통한 욕구 충족'을 달성하기 위해서는 조합원들의 참여가 무엇보다 중요하다. 하지만 조합원들의 참여는 어렵고, 사업을 통해 조합원들이 목표로 하는 이익을 제공하는 것도 쉽지 않다. 이제 우리 주변에서 열심히 활동하고 있는 협동조합 몇 곳의 사례를 소개하고자 한다. 여기 소개하는 협동조합들은 특별한 사업을 하거나 탁월한 사업방식으로 경영을 하는 곳들이 아니다. 우리 이웃에서 쉽게 접하는 사업영역에서 우리와 함께 어울려 살아가는 협동조합들이다. 소수의 몇 사람이 모여 만든 아직 걸음마 단계의 작은 협동조합부터 약 26만 명의 조합원이 가입한 아이쿱 생협까지 규모는 다양하다. 그리고 설립 된지 4년이 안된 협동조합부터 40여 년 동안 활동하고 있는 협동조합까지 역사도 다른 각각의 협동조합의 사례를 통해 협동조합의 원칙을 지키면서 경제적 · 사회적 · 문화적 목적을 달성하는 데 필요한 조건을 생각해 본다.

어려운 이웃과 함께 "다정다감 협동조합"

○ 개요

설립일	2014.4.7	유형	다중이해관계자
주요사업	편의시설운영, 사회적서비스제공	조합원	8명

○ 설립동기

커피를 내리면서 사람을 만나다 보니 사람들의 삶이 보였고, 그 사람들의 삶 속에 함께 들어가게 되었다. 다정다감 협동조합 최은영 이사장은 우석대학교 앞에서 카페를 운영하면서 특수교육을 전공하는 많은 대학생들을 만난 것이 계기가 되었다. 장애를 가진 학생들이 출입하는 데 불편할 것 같아 휠체어가 드나들기 편하도록 출입구 공사를 한 것이 계기가 되어 많은 장애학생들이 드나드는 카페가 되었다. 그들을 곁에서 지켜보니 그들은 장애를 가졌다는 이유로 평생을 어렵게 생활하고 있었다. 최 이사장은 그들을 위한 일자리를 만들어 함께 살아갈 수 없을까? 고민하게 되었고, '다정다감'이라는 카페를 계획하게 되었다.

혼자서 카페를 운영하면 경제적으로 윤택한 삶을 살 수도 있는데 늘 어려움을 겪고 있는 장애인들의 자아실현을 위해 자신의 공간을 내어주었다. 비장애인과 장애인이 어울려 함께 일하고 함께 하는 공간을 생각했다. 함께해야 하는 가족들이 늘어나면서 여러 가지 어려움도 있지만 더 나은 가치를 추구하는 '다정다감'에 공감하는 사람들이 많아져 점차 매출액도 증가하고 안정적으로 운영을 하고 있다.

더불어 함께 사는 방법을 고민하며 출발한 다정다감

○ 주요 사업

다정다감은 8명의 조합원들이 2014년에 설립한 다중이해관계자 협동조합이다. 직원조합원, 생산자조합원, 소비자조합원, 장애인 부모조합원 등 다양한 이해 관계자들이 모여서 카페라는 공간을 통해 장애인들의 일자리 창출을 목표로 협동조합을 운영하고 있다.

가장 주력하고 있는 사업은 장애인 바리스타가 함께하는 카페 'THE 다락' 운영이다. 전북 삼례에 1호점을 시작으로 2014년 완주 고산에 2호점을 운영하고 있으며 현재는 4명의 장애인을 고용하고 있다. 두 번째 주력사업은 장애인들의 재활과 자립을 돕는 바리스타 및 티마스터 직업교육사업이고 티파티 · 리셉션 기획 및 대행사업도 진행하고 있다. 사업이 여러 가지로 늘어난 이유는 각자 다른 장애를 갖고 있는 친구들의 형편을 고려한 때문이었다. 그들이 할 수 있는 일을 찾다보니 사업이 다양해질 수밖에 없었다. 하지만 어떤 일을 하든지 장애인들이 자신감을 가지고 할 수 있도록 격려하는 것이 중요하다. 다정다감을 통해 장애인들이 경쟁력을 향상하고, 즐겁게 일하고 나누는 공간을 꾸미는 것이 목적이다.

장애를 가진 친구들이 할 수 있는 일자리를 만들다 보니
점점 다양한 분야로 진출하게 되었다.

○ 특징

협동조합이라고 해서 모두가 적극적으로 참여한다고 성공하는 것은 아니라는 생각으로 운영하고 있다. 희생하고 적극적으로 이끌어 가는 사람과 현재 하고 있는 사업이 협동조합 원칙대로 가고 있는지 평가하고 도와주는 사람들이 있을 때 성공한다. 그래서 다중이해자 협동조합임에도 후원비를 내는 후원자 조합원은 두지 않았다. '다정다감 협동조합이 장애인의 삶과 사회를 연결하는 매개체가 되는 것이 꿈'이라는 최은영 이사장의 현재 모습에서 강한 신념이 느껴진다. 자신의 사업장을 협동조합, 그것도 장애인을 고용하는 다중이해협동조합으로 전환하여 운영한다는 것이 쉽지는 않았을 것이다. 하지만 최은영 이사장처럼 내 것을 내어주고 여럿이 함께 가려고 할 때 더 많은 사람들이 행복을 누릴 수 있을 것이다.

현재 가장 큰 고민도 어떻게 하면 안정적으로 직원들을 고용하고 이들과 즐겁게 일할 것인가에 대한 것이다. 장애인들도 자아실현을 할 수 있는 기회를 제공해야 함께 어울려 살아갈 수 있다고 생각하기 때문이다. 이러한 고민을 해결하고 사업을 안정적으로 운영하기 위해 2016년 예비사회적 기업으로 지정 받았다. 오늘도 협동조합이 사회와 연대할 수 있는 방법을 찾기 위해 고군분투하고 있다.

협동조합이 장애인과 사회를 연결하는
매개체가 되기를 희망한다는 최은영 이사장(왼쪽)

Tip

-협동조합은 헌신적으로 참여하는 리더와 리더를 지원하는 조합원들의 참여가 있어야 한다. 하지만 한두 사람의 희생만으로는 성공을 보장할 수 없다.

⁕ 자연드림 "아이쿱iCOOP 생협"

○ 개요

설립일	1998.03.	유 형	생활협동조합
주요사업	소비자생활협동조합	조합원	262천 명

○ 설립동기

아이쿱생협[iCOOP생협]은 1998년 부평, 부천, 볕내(강서, 양천), 수원, 안산, 한밭생협 등 6개의 소규모 지역 생활협동조합들을 주축으로 소비자 조합원들이 생활 속에서 만나게 되는 다양한 문제와 요구를 해결하기 위해 대안운동과 사업을 함께 시작하였다. 특히, 조합원들이 직접 상품을 선정하고, 투명한 정보공개와 관리 시스템으로 한국 사회 식품의 기준을 한 단계 끌어 올렸다는 평가를 받고 있다.

각 지역의 조그만 생협들이 모여 현재의 아이쿱생협을 만들었다.

이후 소비자조합원과 생산자가 함께 운영하는 사업체를 기반으로 '나와 이웃과 지구를 살리는' 윤리적 소비와 생산을 실천하는 소비자생활협동조합으로 성장하였다. 그리고 2017년에 이르러 '이 좋은 식품을 더 많은 사람들에게'라는 슬로건을 새롭게 내세우면서 아이쿱생협이 지향하는 가치와 사명을 협동조합의 사업을 통해 우리사회에 이바지하려는 목표를 가지고 실천하고 있다. 아이쿱생협은 크게 아이쿱생협사업연합회와 아이쿱소비자활동연합회 등 50여 개의 자회사가 있으며 2017년 12월 기준 전국 95개 지역조합(준조합 포함)과 217개의 자연드림 매장, 26만 명이 넘는 조합원, 2,200여 명의 생산자, 직원수는 3,700여 명, 매출액은 5,538억 원으로 사업액으로는 대한민국 최대 규모의 소비자생활협동조합이다.

○ 주요 사업

아이쿱iCOOP생협은 창립 이후부터 지금까지 소비자들이 가장 크게 고민하는 먹거리의 문제를 해결하기 위한 활동에 주력하고 있다. 이러한 활동은 조합원들의 경제적, 문화적, 사회적 필요와 요구를 만족시키기 위해 외부의 도움 없이 오로지 조합원의 참여와 노력으로 사업을 수행해 온 것에 자부심을 가지고 있다. 조합원들은 지역 생협에 출자금을 납부하면 아이쿱생협의 조합원이 되며, 전국의 자연드림 매장 및 온라인 매장을 이용할 수 있다.

아이쿱생협은 소비자를 위한 다양한 먹거리 문제를 함께 고민한다.

우리에게 익숙한 상호인 자연드림은 아이쿱iCOOP 생협의 물품 브랜드이자 베이커리, 외식, 매장사업을 아우르는 프리미엄 브랜드로서, 2007년부터 매장사업을 시작한 이후 지속적인 성장을 하여 2017년 말 전국 217개 자연드림 매장을 운영하고 있다. 자연드림이 조합원뿐만 아니라 소비자들에게 큰 인기를 얻게 된 이유는 모든 상품을 내 가족이 먹는 음식을 고르는 어머니의 마음과 눈으로 상품을 만든다는 자연드림의 물품 구매원칙에 있다. 뿐만 아니라 전국 매장 어디서나 동일한 상품을 구매할 수 있다는 편리성도 한 몫을 하고 있다. 조합원으로 구성된 아이쿱 소비자활동연합회 물품 활동팀을 통해 상품의 취급기준이 결정되며, 다시 전국 지역 조합원들이 상품을 심의하고 선정하는 과정을 거치게 된다.

아이쿱생협은 소비자를 위한 활동 이외에도 생산자를 위한 활동과 지원을 함께하고 있다. 생산자 조합원 운동의 일환으로 시작한 수매 선수금은 조합원이 사용할 물품대금을 미리 납부해 생산을 지원하고 있다.

수매선수금은 생산자의 안정적인 생산을 돕는 역할을 하고 있을 뿐만 아니라 조합원 참여로 만드는 협동조합 경영 방식이자 윤리적 소비운동을 대표하는 사례라 할 수 있을 것이다. 이외에도 조합원의 생활을 지키고 불안정한 농가소득의 안정화를 위해 과일, 채소, 계란과 같은 가격 변동이 많은 품목에 가격안정기금을 조성해 운용하여 시중가격이 상승해도 아이쿱생협은 큰 가격 변동 없이 상품을 공급하여 물가안정과 생산자 소득 보전 등 연대와 지역사회에 대한 기여를 하고 있다.

○ 특징

아이쿱생협은 소비자의 가장 큰 관심사항인 먹거리 문제를 해결하기 위한 목적으로 설립되었으나, 단순히 조합원의 먹거리를 해결하는 데 만족하지 않고 다양한 사회문제에 관여하면서 조합원들의 자발적이고 창의적인 실천을 이끌어 내고 있다.

윤리적 생산을 지속하게 하는 책임소비, 사회적 약자를 위한 나눔소비, 지구환경을 배려한 그린소비, 식품안전 실현을 위한 안전한소비, 공정한 거래를 통한 생산자 자립을 돕는 공정한 소비는 아이쿱생협이 추구하는 가치가 무엇인지 분명하게 말해주고 있다. 이러한 활동 원칙은 단순한 구호에 그치지 않고, 끊임없는 활동을 통해 실천하고 있다.

소비는 생산이 뒷받침 되어야 가능한 일이어서 생산자들을 위한 상호부조 및 지원활동을 하고 있다. 특히, 조합원들이 매월 납부하는 상조회비로 운영되는 90여 개 지역 생협의 조합 활동 및 자치조직을 통해 상호부조를 실천하고, 생산자들의 안정적인 생산과 소비의 연계가 가능하도록 지원하고 있다.

사회적 약자를 위한 나눔 소비를 실천하기 위해 조합원, 생산자, 직원, 기부자들이 참여하는 아이쿱 씨앗재단을 설립하여 고통받고 소외된 이웃들을 돌보는 활동을 지속하고 있다. 아이쿱생협은 국내 최초로 우리밀로 만든 다양한 가공식품을 선보여 우리밀 소비확산과 우리밀 확대를 위해 우리밀 살리기 운동을 꾸준히 실천하고 있다. 지금까지 아이쿱생협이 소비한 우리밀은 4,750톤으로 우리밀 생산, 소비뿐만 아니라 친환경 농업을 기반으로 하여 농업과 환경을 지속가능하게 만드는 데 기여할 뿐만 아니라 우리밀로 만든 자연드림 베이커리는 우리밀 소비 촉진 및 안정적인 국산 밀 생산기반이 유지되도록 하여 식량자급에도 기여하고 있다.

아이쿱생협은 소비자 알권리를 위해 2015년 예외 없는 식품완전표시제 캠페인에 이어 2016년부터 GMO완전표시제 캠페인을 실시했다. 2017년 4월부터는 모든 축산을 Non-GMO 곡물로 키우기 시작해 우리 농업의 지향점이 GMO가 아닌 지속 가능한 농업임을 알리고 있다.

소비자들이 안심하고 소비할 수 있도록 아이쿱생협의 자체 관리시스템을 구축하여 차별화하고 있다. 아이쿱인증시스템은 안전성, 순환성, 생물다양성, 신뢰성, 지속가능성 등을 관리하는 자체시스템으로 농업과 환경을 살리고 생산자와 소비자의 신뢰를 향상할 수 있는 윤리적 생산시스템이다.

교육은 사업과 운동을 동시에 실천할 수 있는 비결이다(구례 자연드림 파크 교육)

아이쿱이 지향하는 윤리적 소비는 국내에 국한되지 않는다. 공정무역을 통한 커피, 카카오, 마스코바도 등을 공정한 가격을 지불하고 구입하여 필리핀, 인도, 팔레스타인, 콜롬비아, 남아프리카공화국 등 제3세계 생산자들의 경제적 자립과 지속 가능한 생산을 응원하고 있다. 공정한 가격을 지불하는 것도 윤리적 소비를 실천하는 방법이며, 지속 가능한 지구적 생산과 발전을 가져오는 방법이기 때문이다.

소비자생협을 비롯한 국내의 많은 협동조합들이 안정적인 비즈니스 모델을 고민하고 있다. 특히, 안정적인 사업이 가능한 협동조합 프랜차이즈 모델 개발을 위해 고민하고 있는데 아이쿱생협의 자연드림은 협동조합 프랜차이즈의 모델이 될 수 있을 것이다. 자연드림 매장은 다른 일반 프랜차이즈와 많은 차이를 보이는데, 일반 프랜차이즈의 경우 매출 창출을 위해 가맹점을 늘려가는 형태가 대부분이다. 그러나 자연드림 매장은 조합원인 소비자들의 요구가 있는 경우에만 매장을 확장한다. 즉 소비자들이 조합원으로 모여 조합비를 출자하여 모은 출자금을 바탕으로 지역 매장을 오픈한다. 매장의 개장 뿐 아니라 조합원들이 주축이 되어 매장을 운영하고 취급할 상품도 직접 결정하기 때문에 일반적인 프랜차이즈 매장과 차별화 되며, 조합원의 참여를 높일 수 있는 방법이기도 하다. 무엇보다 자연드림의 소비자 신뢰성은 이러한 조합원들의 자발적인 참여와 운영에 있다.

협동조합이 원칙을 충실하게 지켜나가는 것이 곧 사업을 성실하게 하는 방법이다. 아이쿱생협은 장기적으로 소비자를 교육하고, 더 나은 미래를 위해 지속 가능한 생산과 소비의 기반을 만들기 위해 전남 구례와 충북 괴산에 자연드림파크를 조성했다. 자연드림파크는 국내 최초의 '친환경 유기식품 클러스터'로서, 소비자에게는 믿고 신뢰할 수 있는 친환경 식품을, 친환경 농업 생산자에게는 지속 가능한 소득을 보장한다. 구례자연드림파크는 17개 생산공방과 물류센터를 비롯해 영화관, 레스토랑, 비어락하우스, 체험공방, 숙박시설을 마련한 복합문화공간이다. 2017년 기준 직원 521명, 평균 연령 38세로 청년일자리를 만들어 지역에 기여하고 있다. 또한 지역 농산물을 사용해 소비자에게 안정적인 상품을 공급하는 6차 산업의 모범을 제시하여 어려운 농업환경을 극복하기 위한 협동조합의 역할을 보여주고 있다.

Tip

-협동조합은 다양한 사업영역에서 두각을 나타내고 있다. 그러나 원칙은 간단하다. 협동조합의 성공은 사람에 달려있으며, 사람을 교육하는 것이 성공의 출발이다.

전통문화를 알리는 "합굿마을 문화생산자 협동조합"

○ 개요

설립일	2013.1.16	유 형	사업자협동조합
주요사업	전통문화 체험, 공연	조합원	18명

○ 설립동기

전주는 예로부터 풍류와 전통문화의 고장이었다. 지역에서 전통적으로 내려오는 마을놀이나 전통 놀이가 풍부하였다. 하지만, 이것을 계승하고 안정적으로 공연할 수 있는 기반은 마련이 되어 있지 않았다.

지역 예술인들이 전통 놀이와 문화를 보존하고 알리기 위해서는 우선 안정적인 일자리가 필요했다. 하지만 스타가 나오는 연극도 아니고, 아이돌 가수처럼 인기 있는 공연도 아닌 전통 예술로는 정기적인 공연을 하는 것조차 어려웠다.

전통문화를 생산하는 합굿마을 문화생산자협동조합

물론 전통 문화나 예술을 하는 소수의 공연자들이 소속된 국립극단 등이 있기는 하지만 서울 등 수도권에 집중되어 있다. 따라서 지방에서 활동하는 전통 예술인들은 불안정한 상태에서 공연을 할 수밖에 없고, 당연히 공연에 집중하기도 어려웠다. 또한 지역주민들에게 사라져가는 지역의 전통 문화에 대해 널리 알릴 수 있는 예술인들의 모임이 필요했다. 더 나은 문화공연을 위해서는 젊은 연주자들을 발굴하고, 현대적으로 기획하며 시민들을 교육하기 위해서 이러한 정신에 동의하는 지역 예술인들의 협력을 기반으로 사업체를 만들기 위해 합굿마을 문화생산자 협동조합을 출범시켰다. 안정적인 직업을 가지고 스스로 일자리를 만들었던 것이다.

○ 주요 사업

전주에 대표적으로 내려오는 '전주 기접놀이'라는 놀이 문화가 있는데, 가을걷이 전에 마을 사람들이 모여서 기놀이를 하는 풍습에서 유래하였다. 이러한 전주 기접놀이를 중심으로 풍물놀이를 엮어 하나의 전통 놀이 공연을 만들었다. 이러한 전통 놀이는 옛날 마을에서는 온 마을 주민들이 모여서 하는 놀이였는데, 이를 현대적인 공연 예술로 만들어서 보여주고, 관객들과 함께 어울려 체험할 수 있는 전통 문화 콘텐츠가 탄생한 것이다. 하지만 전통 공연 예술을 정기적으로 할 수 있는 공간이 많지 않다보니 예술인들의 생활이 안정되지 못했다.

전통문화를 보존하고, 많은 사람들이 참여하는 재미있는 공연을 만들기 위해서는 일회적인 방법으로는 한계가 있다고 판단하여, 뜻을 같이하는 젊은 예술인들을 중심으로 협동조합을 조직하게 되었다. 사라져가는 전통놀이를 예술적인 공연으로 만들어 내기 위해서는 젊은 열정만으로 부족하다. 무엇보다 공연자들의 안정적인 일자리가 필요하다. 하지만 고용해주는 곳이 없으니 스스로 일자리를 만들 수밖에 없었다. 물론 공연을 위한 조직에는 협동조합 뿐 아니라 사단법인이나 주식회사 등 다양한 조직형태가 있을 것이다. 하나의 공연을 무대에 올리기 위해서는 기획자, 연출가, 공연자, 음악연주자, 무대스텝, 소품 스텝 등 많은 단원들이 필요하다. 공연을 기획하고, 연습하고, 자기 자신을 자유롭게 표현하기 위해서는 위계적이고 경직된 조직형태보다는 구성원들이 평등한 관계에서 소통하고 협력이 가능한 협동조합 형태가 가장 바람직할 것으로 판단하였다.

합굿마을 문화생산자 협동조합은 전국에서는 유일한 '전주 기접놀이'라는 전통 연회를 공연하는 단체로서, 향토 문화를 교육하는 협동조합이라는 자부심이 있다. 전통공연을 준비해서 올리는 것이 주요 사업이지만, 이외에도 전통 문화 교육과 전수, 놀이체험 프로그램 진행, 지역 주민 전통문화 교육 등 공적 사업을 진행하고 있다.

전통문화와 협동조합의 새로운 만남을 통해 안정적인 공연예술 활동이 가능하다.

○ 특징

전통 놀이를 사업으로 하는 문화 예술인들의 협동조합은 자유롭고, 창의적이며, 주체적인 문화예술인들의 성격과 닮아 있는 조직체이다. 조합원들 스스로 출자하여 조직을 만들었는데, 많은 금액은 아니지만 그마저도 여유가 없는 조합원들은 교육을 연결시켜 주고 수익이 생겼을 때 출자금으로 낼 수 있도록 했다. 작은 것 하나까지도 강제가 아닌 자발성을 가지도록 배려했다.

전통 공연을 기획하고 있는 김여명 이사장은 스토리, 소품제작, 공연 등 각각의 영역에 재능이 있는 조합원들이 각자 역할을 해주고 있어서 합굿마을 공연에 대한 평가가 아주 좋다고 이야기 한다. 한두 명의 기획자나 대표에 의해 영리사업으로 전락하는 단체가 아니라 구성원들 모두가 함께 토론하고 만들어 가는 협동조합이어서 참여의욕도 매우 높다고 한다.

전통 문화가 소멸하고 있는 시대에, 젊은 예술인들이 함께 모여 흥겹게 우리 전통 놀이를 공연으로 만들고, 지역 주민들과 어울려 노는 모습은 지역에 생기를 불어 넣고 있다. 지역 문화 예술인들은 안정적으로 생활이 가능해지니, 더 좋은 공연을 준비하고 자라나는 아이들에게 전통놀이를 전수할 수 있게 된다.

아쉬운 점은 전통공연을 더 자주 시민들에게 보여주기 위해서는 협동조합에 대한 공공구매의 문이 좀 더 많이 열렸으면 한다. 일반 협동조합이 영리 조직이기는 하지만 전통 문화 공연으로 이윤을 창출하는 데 한계가 있어, 공공구매가 사회적 기업에 우선권이 있기는 하지만 협동조합도 참여할 수 있는 기회가 확대되어야 한다는 생각이다.

그렇다. 무엇보다 중요한 것은 협동조합이 생산하는 재화와 서비스가 잘 팔려나가야 한다. 이를 위해서는 재화나 서비스가 경쟁력을 가져야 한다. 이와 함께 협동조합의 가치와 이념이 확산되어 소비자들의 인식에 변화가 이루어져야 한다. 이것이 협동조합 생태계를 더욱 튼튼하게 할 것이며, 지속가능하며 위기에 강한 협동조합으로 가는 필요하고도 충분한 조건일 것이다.

Tip

-자율적인 조직으로 조합원 개개인이 추구하는 목표가 다를 수 있다. 그런 상황이 지속되면, 의사결정을 위해 에너지가 많이 들어간다. 조합원들이 소통할 수 있는 방법이 있어야 한다.

FC 바르셀로나를 꿈꾸는 "협동조합 스포츠제이"

○ 개요

설립일	2013. 2. 28	유형	직원 협동조합
주요사업	스포츠클럽운영, 용품판매	조합원	5명

○ 설립동기

어린 시절부터 축구 하나에 매달려온 선수들은 오직 축구공 하나만 바라보고 학창 시절을 보낸다. 그러나 고등학교 혹은 대학교 졸업 후 실업팀 선수가 되지 않으면 목표를 잃어버린 채 방황하게 된다. 공 하나에 매달려온 젊은이들이기에 간혹 다른 일자리를 가진다 해도 비정규직인 불안정한 고용상태를 유지하게 된다.

협동조합은 각자의 영역에서 할 수 있는 방법을 찾는다.

운동 선수 출신이지만 프로 선수가 되지 않으면 안정적으로 운동도 할 수 없는 현실을 극복하기 위한 방법을 찾아야 했다. 엘리트 체육이라는 이름으로 앞서나가는 한두 명의 스타 뒤에 가려 있는 수많은 스포츠 선수들은 자신들의 삶을 스스로 만들어가야 한다.

협동조합 스포츠제이는 그러한 스포츠 선수의 눈으로, 스포츠 선수의 입장에서 만들어진 협동조합이다. 어릴 때부터 운동 밖에 모르던 선수들이 자라서 스포츠를 가르치는 지도자들이 되었고, 먼저 고민한 선배들이 모여 해결책을 만들어 낸 것이다. 즉, 함께 어린 선수들을 양성하고, 후배들에게 안정적으로 운동할 수 있는 여건을 마련하며, 안정적인 일자리를 만들어 나가기 위해 자발적으로 결성한 협동조합이다.

사람으로 인해 불편함이 강한 힘이 될 수 있음을 보여주는 스포츠제이

○ 주요 사업

협동조합 스포츠제이는 체육관련 학과를 졸업한 지도자, 선수들이 모여 결성한 직원협동조합이다. 따라서 조합원 99%를 위한 안정적인 일자리를 만들어 가는 것이 목적이다. 스포츠제이는 유소년 스포츠 클럽을

운영하는 전국 최초의 스포츠형 협동조합으로 출발하여 현재는 약 300여 명의 유소년 회원을 보유하고 있다.

유소년 선수들을 체계적으로 양성하는 것 외에 유소년 출신중에서 선발한 프로 풋살 클럽팀을 보유하고 있으며, 대표팀 선수를 배출하고 있다. 어려서부터 직접 운동을 한 경험이 많은 지도자들의 노하우와 전문성을 바탕으로 한 체계적인 훈련시스템으로 유소년들을 지도하다 보니 20여 명으로 출발한 유소년 수강생들이 300여 명으로 늘어났다. 프로 풋살팀에 22명의 선수들이 활발하게 활동하고 있다.

협동조합 스포츠제이는 구성원들이 같은 고민과 목표를 가지고 있어서, 협동조합 결성 이후에 더 탄탄한 운영을 하고 있다. 선생님들이 즐겁게 교육하다 보니 아이들에 대한 관심도 많아지고, 교육프로그램 개발도 활발하다. 현재 우리나라 스포츠 클럽은 운동을 잘하는 1% 선수를 중심으로 운영되다 보니 나머지 99% 아이들은 운동에 재미를 느끼지 못하게 되어있다. 따라서 '아이들이 편하게 뛰어놀 수 있는 스포츠 클럽을 만들자' 라는 철학으로 유소년 아이들을 열정을 가지고 가르치게 되었다. 이처럼 즐겁게 운동하는 유소년 회원들이 많아지다 보니 점차 회원들이 모였다. 중소 도시의 다른 클럽들은 운영이 어려워 문을 닫는데 스포츠제이는 더 많은 회원들이 모인 까닭에 선수들의 실력이 향상되고, 당연히 수상 경력도 많아지고 입소문이 퍼지면서 더 많은 회원들이 모이는 선순환 구조가 이루어졌다.

협동조합 스포츠제이에는 유소년클럽과 성인클럽을 함께 운영하고 있다. 성인 클럽을 통해 지역의 인사들과 교류를 꾸준하게 하면서, 운동을 그만둔 선수들의 일자리까지도 자연스럽게 연결시켜 가고 있다. 선생님들이 선수들의 실력향상을 위한 교육을 실시할 뿐만 아니라 운동을 그만둔 아이들의 정신적, 경제적 멘토가 되어가고 있다.

○ 특징

대기업의 재정적인 후원으로 운영되는 다른 구단들과 달리 스포츠제이는 협동조합으로 운영된다. 따라서 조합원들의 참여와 지역시민들의 후원이 아니면 운영에 필요한 재정을 감당하는 것이 어렵다.

협동조합의 원리를 이해하고 이를 실천하기 위해 출발부터 수익에 연연하지 않으려 노력했다. 따라서 협동조합의 가치에 동의한 조합원들은 적은 임금에도 불구하고 그 가치를 실현하고자 노력하였고, 주변에 협동조합을 후원하는 사람들도 많아지고 있다. “우리의 목적은 FC 바르셀로나 같은 협동조합 시민구단을 만드는 것이지요.”라고 당당하게 포부를 밝히는 젊은 채윤수 이사장의 표정에서 도전자의 열정을 볼 수 있다.

스포츠제이는 일반 협동조합을 결성하고 스포츠클럽을 운영하였다. 하지만 지역의 유소년 선수들을 체계적으로 양성하고 방과 후 수업 등을 진행하는 데 어려움이 있었다. 경제적 사정 등으로 소외되는 지역의 취약계층 아동을 위한 프로그램을 개발하기 위해서는 후원을 통한 재정조달이 반드시 필요하다고 판단하여 사회적 협동조합까지 설립을 한 상태이다. 더 많은 수익을 얻기 위해서라면 굳이 협동조합이 아니라 개인 기업으로 사업을 하는 것이 더 이익일 것이다. 하지만 열악한 지방 소도시에 스포츠로 활력을 제공하기 위해서는 구성원 모두가 협력하는 협동조합이 적합한 조직이라고 할 수 있다. 협동조합 스포츠제이는 향후 다른 종목까지 교육과 사업의 범위를 확대할 예정이다.

협동조합으로 유명한 유럽 명문 FC 바르셀로나를 꿈꾸는 채윤수 이사장

Tip

-직원 협동조합은 안정적인 일자리를 위해 만들어졌다. 하지만 직원들 간 업무가 너무나 다르면 갈등이 발생한다. 갈등을 줄이고, 원활한 협력을 위해서는 직무의 이질성이 낮아야 한다.

⁝ 지역과 함께하는 "전북 고산 농업협동조합"

○ 개요

설립일	1969. 08.	유형	농업협동조합
주요사업	신용사업(예금,대출), 경제사업(구매,판매), 교육사업	조합원	2,500여 명

○ 설립동기

우리나라에 농업협동조합이 본격적으로 설립되던 시기인 1969년 완주군 고산면 농민을 대상으로 고산 단위농업협동조합이 출발하였다. 현재 지역 농협들의 경영개선 및 사업 확대를 위한 합병 흐름을 타고 80년대 후반 동상면, 90년대 후반에는 비봉면 농협과 합병하였다. 이후 완주군 고산면, 비봉면, 동상면 3개 면에 걸쳐 2,500여 명 조합원이 참여하는 전형적인 농촌형 농업협동조합으로 사업을 운영하고 있다.

전주시 인근을 둘러싸고 있는 완주군 동북부 산간지역에 위치하고 있는 전형적인 산간 농협으로 농산물과 특산물이 많이 생산되는 지역이다. 대표적으로 쌀과 수박, 방울토마토 등 원예농산물과 고추, 마늘, 양파 등 특용작물, 산이 많은 동상면을 중심으로 감과 대추 등의 특산물이 많이 생산되고 있다.

우리나라 농업협동조합은 예금, 대출 등의 신용사업과 농기계, 비료, 농약 등을 구매하여 조합원에게 제공하는 구매사업, 조합원이 생산한 농산물을 판매하는 판매사업 등 경제사업을 겸영하는 종합농협이다. 도시화와 산업화가 급격하게 이루어지면서 도시지역에 위치한 농협을 비롯해 많은 농협들은 신용사업에 주력하고 조합원을 위한 경제사업과 복지 사업을 소홀히 한다는 비판을 받아 왔다.

하지만 고산농협은 다른 농협과는 달리 조합원들의 농산물 생산과 판매를 위한 경제 사업에 주력하고 있다는 평가를 받고 있다. 주어진 환경과 여건 속에서 조합원들이 가장 필요로 하는 사업은 조합원들이 생산한 농산물을 잘 팔아주는 것이었고, 필요한 농자재를 저렴하게 공급해 주는 것이었다. 조합원들이 요구하는 경제적 필요, 즉 소득을 올리는 것이 가장 급선무였기 때문이다.

조합원의 경제적, 사회적, 문화적 삶의 질 향상을 위해 교육은 필수적이다.

○ 주요 사업

시장 개방 등 농업 환경이 급속하게 변화되어 저렴하고 다양한 외국 농산물이 수입증가와 국산 농산물과의 경쟁심화, 국산 농산물 소비 감소

등으로 농가 소득은 지속적으로 정체되고 있다. 또한 농촌인구의 감소와 고령화, 농촌 마을의 공동화 현상 등 농촌 주민의 삶의 질도 영향을 받고 있다. 이러한 어려운 환경변화를 극복하기 위해서는 어느 때보다 농업협동조합을 중심으로 조합원의 경제적, 사회적, 문화적 지위향상과 삶의 질 향상을 위해 협력해야 한다.

고산농협은 전형적인 산간 지역에 위치하고 있어 사업 환경이 좋은 곳은 아니다. 뚜렷한 소득 작물이 없어 조합원들의 소득이 낮아 과거에는 조합원의 이용이 소극적이며 농협의 운영이 어려울 정도로 적자가 발생한 시기도 있었다. 하지만 조합원을 위한 경제사업을 활발하게 실시하면서 경영도 개선되어 최근 수년간 전국 농협들을 평가하는 종합업적평가에서 전국 최우수를 지속적으로 수상하는 모범적인 농협으로 탈바꿈되었다.

지속 가능한 생산과 관리로 안전한 먹거리를 공급할 수 있는 광역친환경 농업단지 조성, 축산분뇨의 퇴비 및 자원화를 할 수 있는 경축 자원화 센터, 농산물 유통을 위한 산지유통센터, 벼 건조저장시설, 감식초 생산 공장, 농산물 판매와 조합원 교육시설인 웰컴센터 등 농산물의 생산과 가공, 저장, 유통, 판매를 통해 조합원의 소득 증대에 심혈을 기울이고 있다. 단순히 조합원이 생산한 농산물을 판매하는 데 만족하지 않고, 지역농업을 위한 클러스터 사업, 웰컴센터를 통한 도농 교류 사업을 활발하게 펼치고 있다. 지역 농협의 역할은 생산과 함께 소비자에게 안전한 먹거리를 공급하여 지역사회와 소비자에게 기여하는 것인데, 고산농협은 웰컴센터를 설립하여 친환경 농산물의 가공 및 판매, 로컬푸드 사업으로 소비자와 생산자의 직거래 확대, 생산자를 위한 안전 및 기술 교육 등을 활발하게 하고 있다.

꾸준한 도농교류는 농업에 대한 인식 개선으로 지역사회에 기여한다.

○ 특징

고산 농협은 도농교류 사업을 통해 생산자와 소비자의 지속적인 만남을 실현하고 있다. 초등학생부터 주부에 이르기까지 대도시 소비자를 초청하는 도농 교류활동을 꾸준하게 실시하는 이유는 우선 협동조합의 다양한 사업을 알리고 소비자를 확보하기 위한 것이다. 하지만 소비자들이 농촌을 이해하고 농업이 갖는 진정한 가치를 제대로 인식해야만 농협에 협력하게 될 것이고, 소비자는 더 좋은 먹거리를 찾을 것이라는 믿음 때문이다.

소비자와의 꾸준한 소통 노력으로 신뢰가 크게 향상되었다. 이러한 소통의 노력은 더 큰 이익을 제공했다. 소비자와의 의사소통은 소비자만 변하는 것이 아니고, 결국은 생산자의 의식과 자세도 변하게 했다. 생산자들은 소비자를 내 가족과 친구처럼 정서적으로 동질감을 느끼고, 내 가족이 먹을 농산물을 생산한다는 정성을 기울이게 되었다. 소비자들은 농산물유통센터, 감식초 공장 등의 견학, 벼 베기나 사과 · 감 수확 체험 등의 기회를 가지면서 농민과 농협에 대한 애정을 가지게 된다. 생산에 정성을 기울일수록 소비자들의 만족도는 올라간다. 이러한 활동은 단순히 농산물의 판매에 기여하는 효과 뿐 아니라 생산자의 안전에 대한 의식개선 및 소비자의 농업에 대한 이해와 농업 농촌의 가치를 인식시키는 역할을 하고 있다.

협동조합에서 가장 중요한
사람과 사람의 연결고리 역할을 하고 있는 국영석 조합장

매년 조합원은 2천5백여 명인데, 교육은 3천 명 이상이 받는다고 할 만큼 조합원 교육에 심혈을 기울이고 있다는 국영석 조합장은 조합원들이 필요로 하는 것은 무엇이든지 해결한다는 신념을 가지고 있다. 조합원의 삶의 질을 높이기 위해 다양한 분야로 사업 영역을 확장해서 직원들이 해야 할 일은 많아졌지만 그렇게 할수록 조합원들의 만족은 높아진다고 믿는다. 또한 농업 환경변화에 대응할 수 있도록 조합원 경영마인드 향상을 위한 시장견학, 선진지 견학, 로컬푸드 생산자 교육을 꾸준하게 실시하여 높은 호응을 받고 있다. 교육은 로치데일 원칙 이후 지금까지 단 한 번도 변하지 않은 협동조합의 기본적인 원칙인데, 이러

한 원칙에 충실한 경영은 조합원들의 소득향상이나 삶의 질 개선에 도움이 될 뿐 아니라, 조합원들의 협동조합에 대한 신뢰와 지지를 가져오게 했다.

Tip

- 협동조합은 조합원과 지역주민, 소비자 모두의 삶을 고민해야 한다. 협동조합은 조합원과 주민, 생산자와 소비자를 연결하는 네트워크 구축을 통해 사업을 확장할 수 있으며 조합원의 동질감도 높일 수 있다.

협동조합의 역할과 과제

04

> "21세기는 참여의 시대[Age of Participation]이다. 어떻게 참여시킬 것인가 연구하라."
>
> – 필립 코틀러

지금까지 협동조합의 탄생배경과 함께 원칙과 가치, 협동조합의 유형과 몇 개의 실천 사례를 이야기했다. 이제는 현재 우리나라의 협동조합이 직면한 몇 가지 우려와 이를 해결하기 위한 방법을 이야기하려 한다. 200여 년을 이어온 협동조합의 성공 조건을 이야기하는 것은 자칫 '침소봉대針小棒大'의 우려가 있다. 현대의 기업이나 경제시스템, 사회구조가 매우 복잡하고 빠르게 변화하는 것처럼 협동조합 시스템도 복잡하게 변화하고 있기 때문이다. 지나온 협동조합의 역사는 수없이 많은 협동조합 선구자들의 땀과 눈물과 열정으로 가득 채워져 있다. 많은 협동조합들이 태어나고, 여러 가지 부침을 겪었지만 지금까지도 건재한 협동조합이 있는가 하면, 역사 속으로 사라져 가기도 했다. 따라서 그러한 성공과 실패, 고난과 시련의 역사를 밑거름 삼아 협동조합을 만들어 간다면 많은 선구자들이 겪었던 시행착오를 조금은 줄일 수 있을 것이다. 협동조합의 성공시스템에 대해 국내외 많은 연구자들이 이론을 정립해 놓았다. 협동조합이 겪고 있는 문제들과 이를 해결해나가기 위한 조건들을 살펴보고자 한다.

가. 협동조합에 대한 우려

우리나라는 2012년 12월 협동조합 기본법 시행 이후, 짧은 기간에 협동조합 수가 폭발적으로 증가하였다. 지금 이 순간에도 하루에 약 10여 개의 협동조합이 만들어지고 있으니, 가히 협동조합 열풍 그 자체이다. 협동조합에 대한 대중의 관심과 기대가 큰 만큼 우려와 의심의 시각이 있는 것도 당연한 일이다. 우리보다 100여 년 이상 앞서 협동조합을 경험한 유럽의 협동조합들도 이러한 관심과 비판이 공존해 왔다. 레이들로 박사는 그의 저서 『서기 2000년대의 협동조합』에서 협동조합의 역사를 3단계 위기로 설명하였다.

첫 번째는 신뢰성 위기시대로 협동조합이 처음 시작되는 시기를 말한다. 협동조합이 태동하던 시기로 협동조합을 처음 경험하는 사람들은 의심의 눈초리로 바라보았다. 사업을 하는데 모두가 주인이고, 운영도 모두가 함께하며, 모든 사람들이 함께 결정하는 특이한 방식이기 때문이다. 초기 엉성한 협동조합의 조직을 보면서 누구도 협동조합의 성공을 기대하지 않았을 것이다. 강력한 리더십을 가진 리더의 명령 아래에서 사업을 해도 성공을 보장하지 못하는데 자율적인 운영이라는 협동조합 방식으로는 불가능하다고 생각했을 것이다. 하지만 협동조합은 체계를 갖추고 성장했다. 각 나라에서 협동조합은 더디지만 경제적 조직으로 인정을 받게 되었다. 협동조합의 가치와 운영원칙에 동의하는 사람들이 점차 늘어나면서 신뢰성은 극복되었다.

두 번째는 경영의 위기 시대로 다국적 기업들의 등장으로 경쟁이 가속화되는 시기를 말한다. 협동조합이 자율성과 민주적인 조직이라는 데 동의하지만 협동조합이 치열한 경쟁 속에서 경제적인 성공을 거두는 것은 불가능하다는 것이다. 협동조합도 기업조직처럼 효율성과 수익성을 확보해야 생존이 가능해진다. 하지만 협동조합을 전문적으로 경영할 수 있는 인력이 부족하고, 신속한 대응이 불가능하여 위기상황에서 헤어 나오지 못하고 결국 실패한 사례들도 찾아 볼 수 있다. 다행스럽게 협동조합 1세대를 지나 2세대로 오면서 유능한 경영자들과 헌신적인 실무자들이 협동조합을 성공으로 이끌기 시작했다. 협동조합의 단점들을 극복하기 위한 다양한 경영전략이 도입되고, 사업성과가 나타나서 전국적인 조직으로 성장하기 시작했다. 서구 여러 나라에서 협동조합 조직은 거대한 기업조직과 경쟁에서 살아남아 경영의 위기를 극복했다. 이제 더 이상 협동조합의 경제적 성공을 의심하는 사람은 없다.

세 번째는 이념적 위기로 불리는 시대가 도래했다. 협동조합이 경영의 위기를 넘어 전국적인 조직으로 성장하면서 안정을 찾았다. 그러나 치열한 경쟁에서 생존하기 위해 경영의 관점에서 효율성, 수익성이 강조되었다. 경쟁에서 살아남기 위해 민주적 운영의 원리를 무시하고 평등권을 포기하는 일도 종종 발생한다. 이념의 위기는 '협동조합의 참된 목적은 무엇인가?', '효율성, 수익성을 위해서는 핵심 원칙들을 포기해도 좋은가?' 라는 물음에 주저할 수밖에 없는 현실을 대변한다. 사업성을 유지하면서 본래의 가치를 유지할 수 있는가에 대한 의문일 것이다.

이러한 협동조합의 위기는 우리나라도 예외는 아니다. 협동조합의 미래를 말하기 전에 우리나라 협동조합이 처한 위기를 간략히 이야기하려 한다. 현실을 알아야 미래에 대비할 수 있기 때문이다. 우리나라 협동조합은 크게 두 가지의 어려움에 직면해 있다.

사업의 한계

협동조합에 대한 관심은 높지만 협동조합 경영은 그리 쉽지만은 않다. 협동조합의 설립과 운영 등을 관리하는 기획재정부에서 2013년과 2015년 총 2회에 걸쳐 협동조합의 운영 실태를 조사하여 발표한 결과를 보면 사정을 알 수 있다. 2013년에 이루어진 제1차 실태조사를 살펴보면 조사에 참여한 1,209개 협동조합 중 사업을 시작하지 못한 협동조합이 406개(54.4%)로 나타났다. 설립 등기까지 마쳤지만 사업 운영자금 부족, 수익모델 미비 등으로 시작조차 못한 무늬만 협동조합인 셈이다. 사업을 시작한 협동조합도 사정이 어렵기는 마찬가지이다. 당초 매출 목표액이 평균 1억 8,641만 원 이었으나, 실제로는 2분기까지 4,958만 원(26.6%)을 달성하였다. 목표 이윤은 3,991만 원 이었으나 2분기까지 겨우 15.5% 수준에 불과하다. 매출액이 낮은 이유에 대해 협동조합 임직원들은 판로 미확보(29.3%), 정부지원 정책부족(18.2%), 조합원 모집 어려움(15.2%) 등의 이유를 들었다. 협동조합 평균 조합원 수는 58.7명이며 평균 자산 3,956만 원, 출자금은 2,938만 원이며 이중 부채는 1,018만 원으로 조사되었다. 1차 실태조사 결과 신규 협동조합들은 공통적으로 기존 시장에 진입하는 어려움, 출자금 등 자본의 조달, 조합원 확대와 직원 채용 등 인적 자원부족, 협동조합 간 연대 등에서 어려움을 겪는 것으로 파악되었다.

이후 실시된 제2차 실태조사 결과에서도 크게 달라지지 않았다. 2014년 말 인가된 6,235개 협동조합을 대상으로 실시된 실태조사에 응답한 5,323개의 협동조합 중 사업을 운영하고 있는 조직은 2,957개의 협동조합으로 55.5%에 불과하다.[78] 이러한 결과는 1차 실태조사에서 응답한 사업 운영률(54.4%)과 비슷한 수준이다. 다시 말해 어려운 과정을 거쳐 설립 인가를 받았지만 약 절반 정도인 44.5%의 협동조합은 사업 운영을 하고 있지 않은 것이다. 설립 과정 중에 약 1,000여 개 협동조합은 '사업 추진의 불투명', '수익모델 미비' 등을 이유로 등기조차 하지 않은 것으로 조사되었다. 물론 사업을 서둘러 시작하는 것보다는 조합원 모집과 사업 자금 준비 등 철저한 전략을 수립 한 후 사업을 시작함으로써 시행착오를 줄이는 것이 중요하다.

평균 매출액은 2억 1,402만 원으로 1차에 비해 증가하였으나, 순이익은 평균 1,923만 원으로 매출액에 비해 낮은 성장을 보였다. 평균 조합원 수도 47.3명으로 감소하여 조합원 모집에 어려움을 겪고 있음을 단적으로 증명해주고 있다. 평균 자산은 5,744만 원으으로 45.2%가 증가하고 출자금은 4,069만 원으로 38.2% 증가하였다. 그러나 부채는 1,675만 원으로 1차 조사에 비해 64.5%가 증가하여 자산이나 출자금 증가보다 더 큰 상승폭을 나타내고 있다. 낮은 사업 운영률, 조합원의 감소, 낮은 수익률, 부채의 증가 등은 협동조합 운영이 쉽지 않음을 분명하게 보여주고 있다. 특히, 1차와 2차 조사 모두 자금조달, 사업모델 미비 등의 한계점을 드러내고 있어 향후 협동조합의 경영 내실화를 위한 특단의 대책이 마련되어야 할 것이다. 정부도 이러한 결과를 바탕으로 1차, 2차 협동조합 기본계획을 수립하여 발표하였다.

표 9 1, 2차 협동조합 실태조사 비교

구분		1차 실태조사('13) (N=747)	2차 실태조사('15) (N=2,257)
운영	사업운영률*	54.4%	55.5%
	조합원 수	58.7명	47.3명

인력	종사자 수	7.7명	13.2명
	취업자 수	5.8명	4.3명
	피고용인	5.1명	3.3명
	직원	1.3명	2.2명
	자원봉사자 수	0.6명	5.0명
	월평균 급여 (만원)	이사장(177), 정규직(147), 비정규직(114)	이사장(168), 정규직(143), 비정규직(98)
재무	자산	3,956만 원	5,744만 원
	출자금	2,938만 원	4,069만 원
	부채	1,018만 원	1,675만 원
	총수입액	데이터 없음	2억 3,871만 원
영업	매출액	1억 8,641만 원 (목표매출액)	2억1,402만 원

* 운영률은 협동조합 중 실제로 사업 운영을 하고 있는 협동조합의 비율

협동조합 기본계획은 설립되는 협동조합의 영세성을 극복하기 위한 규모화와 안정적인 일자리 마련을 위해 수립되었다. 특히, 협동조합의 자생력을 강화하고 네트워크를 통한 성장 여건을 마련하기 위한 수단 등을 핵심으로 하고 있다. 사실 충분한 사회적 논의가 되지 못한 상황에서 기본법이 먼저 제정된 측면이 있다. 그렇다 보니 협동조합에 대한 이해 없이 막연한 환상을 가지고 달려든 것은 아닌지 돌아봐야 할 것이다. 앞서 말한바와 같이 기본법 제정 이후 단기간에 많은 협동조합이 설립되었다. 협동조합에 대한 올바른 이해와 협동조합 관련 사회적 인프라 구축이 덜 된 상황에서 우후죽순 설립된 협동조합들이 어려운 시간들을 보내

고 있다. 따라서 지금이라도 협동조합이 자생할 수 있도록 인프라를 구축하는 일은 필요하다. 하지만 이러한 정부의 지원 정책이 협동조합의 자생력을 키울 수 있을지 의문이다. 따라서 관련 인프라 구축과 함께 반드시 선행되어야 할 것은 협동조합의 가치와 이념에 대한 대 국민 인식 확산이 함께 이루어져야 한다. 이를 위해서는 협동조합의 가치와 이념에 대한 교육을 단위 학교차원에서 체계적으로 가르쳐야 하며, 협동조합 시스템에 대한 대 국민 홍보 및 교육을 강화해야 한다.

또한 조합원 공동 소유와 민주적 운영을 기본으로 하는 조직의 특성을 이해하지 못하고 지원 정책으로 문제를 해결하려고 하는 것은 한계가 있다. 협동조합 스스로 내부 구성원들 간 문제 해결을 위한 노력이 우선되어야 한다. 단순히 사업량을 늘리고 매출을 올리는 것으로 협동조합의 자생력이 높아지지 않을 것이다. 이와 함께 협동조합 내부 구성원의 협력, 소비자나 거래처의 협력, 지역사회의 협력 등을 이끌어 내야 한다. 그러한 협력의 가치 연계를 통해 협동조합 생태계를 강화하면 협동조합 사업도 한층 강해질 것이다. 이것이 협동조합의 자생력이다.

정체성 의심

우리는 협동조합의 역사적인 성장과정에서 실패와 성공을 겪으면서 정리되고 개념화된 협동조합의 가치와 원칙들을 살펴보았다. 협동조합은 처음에는 경제적인 목적에서 시작하였으나 점차 사회적 · 문화적 필요와 욕구를 충족시키고자 하는 단계로 발전하였다. 이 과정에서 경제적인 안정은 필요조건으로 요구되었다. 경제적 목적과 사회적 목적은 동전의 양면 같은 것이어서 둘 다 충족시키는 것은 어려운 일이다. 사실 협동조합 조합원들도 두 가지 생각 사이에서 흔들린다. '조합원들을 만족시키기 위해 안정적인 사업체를 통해 수익을 올려야 한다'라는 현실적인 목표와, '사람들 간의 이해와 공정하고 윤리적이고 정직한 공동체이어야 한다'라는 이상적인 목표가 상존한다. 물론 일반적으로 건실한 기업(조직체, business)으로서 생존의 능력을 확보하는 것이 우선되어야 한다. 그러나 협동조합은 단순히 기업과 같이 이윤만을 추구할 수 없으며, 조합원들의 참여와 지지 속에 지역사회에 기여할 수 있어야 한다. 즉 경제적 목표와 협동조합의 가치와 이념의 균형을 확보해야 하는 문제를 가지고 있다. 옛날 우리 조상들은 글을 읽는 선비는 이재理財에 밝은 것을 천한 것으로 여겨 상업을 천시했다. 그러나 협동조합은 지역사회에서 고상한 선비의 태도를 유지하면서도 조직을 유지하기 위해 튼튼한 사업체를 가지고 있어야 한다.

최근 협동조합을 바라보는 사회적 요구는 '사회 전반에 건전한(이는 관점에 따라 다르게 나타날 수 있다)' 영향력을 미치면서도 경제적인 효율성을 갖는 조직이 되길 원한다. 레이들로 박사는 1980년대 이미 서유럽 국가의 협동조합을 관찰하면서 다음과 같은 문제점을 지적했다.

> 한 그룹은 규모가 크고 탄탄한 구조로 조직화된 협동조합으로서 자본주의 기업과 경쟁에서 이기는 것을 목표로 하고, 다른 그룹은 상대적으로 작은 협동조합으로 상당히 느슨하고 비공식적인 네트워크를 가지고 사회적 혹은 지역 차원의 목표를 달성하는 것을 목표로 하고 있다.[79]

협동조합은 산업혁명 이후 경제적인 발전과정에서 탄생한 조직체로서 조합원의 경제적인 목적과 사회적인 목적을 달성하는 것이 목표다.

그러나 협동조합의 가치와 원칙에서 분명히 하고 있는 것은 '사람'에 대한 이해와 관심이다.

협동조합이 이윤추구를 하는 것이 정당한가? 협동조합은 끊임없이 '이윤추구'에 대한 내부와 외부의 논쟁을 거쳐 왔다. 아마도 이러한 논쟁은 앞으로도 계속될 것이다. 물론 협동조합의 이윤추구에 대해서 찬반 의견이 있을 수 있다. 국가별로 협동조합을 규정하는 개념이 조금씩 다른 것처럼 이윤추구를 인정하기도 하고, 비영리 조직으로 규정하기도 한다. 유럽과 미국의 협동조합 체계에서 가장 큰 차이점으로 지적되는 부분이기도 하다.[80] 협동조합이 지역마다 각기 특수한 가치 체계, 운영원리, 조직 구성, 사업방식을 반영하 여 운영되어 왔기 때문이다. 그럼에도 불구하고, 우리나라를 비롯한 약 200년의 역사를 가진 서구 협동조합은 협동조합 고유의 이념과 가치, 정체성을 잃어버리고 있다는 비판을 받고 있다. 조합원의 경제적 이익추구와 조직의 효율성을 지나치게 강조하여 경영체로서 경영혁신과 재무구조 및 자본의 건전성 제고를 내세웠으나 사업경쟁력과 생산성이 하락하는 경영상의 위기를 피할 수 없었다. 특히 서구의 협동조합은 단일목적, 단일 기능 중심의 전문협동조합 형태로 발전하였으나 이러한 전문협동조합 조차 경영상의 위기를 피해가지 못하였다. 그 결과 협동조합은 레이들로 박사가 주장하였던 경영의 위기와 이념의 위기를 동시에 맞고 있다. 물론 경영의 위기가 다른 기업조직에 비해 협동조합이기 때문에 더 심각하게 찾아온 것은 아니다. 오히려 협동조합은 공황과 금융위기 등 경제 환경의 급변 속에서 다른 기업조직보다 더 높은 생존율을 보인다는 연구들은 무수히 많다. 하지만 협동조합이 경제적인 목적만을 추구한다 하더라도 경영상의 위기를 극복하기는커녕 이념과 정체성의 위기가 동시에 닥칠 수 있다는 것을 간과해서는 안 된다.

최근 협동조합의 형태로서 경제적 이익추구가 아닌 다양한 공공서비스의 제공을 목적으로 하는 사회적 협동조합이 확산되고 있는 점도 주목할 만하다. 사회적 협동조합은 지역의 공동체적 요소를 강조하고 연대주의, 인간주의의 실현 등이 용이하여 결속력이 강한 장점이 있다. 협동조합은 조합원의 이익추구 기능을 수행하는 것만으로는 사회적 존립의 타당성을 인정받을 수 없다. 협동조합은 가치와 원칙에서 분명히 밝히고 있듯, 사회적 · 경제적 조직으로서 조합원과 지역, 시장과 국가 등 사회 주체들과의 끊임없는 상호작용을 하면서 협동조합의 목적을 달성해야 하는 조직이다. 협동조합은 잘 짜여진 네트워크를 활용하여 수익성과 효율성 모두를 충족시킬 수 있다. 특히 급격하게 발달하고 있는 인터넷을 활용하여 협동조합의 영향력을 확대할 수 있을 것이다. 신속한 정보의 전달과 구성원 간 긴밀한 네트워크 구축체계는 협동조합 협력시스템을 더욱 공고하게 할 수 있을 것이다. 조합원들의 참여 방법 다양화, 커뮤니케이션 강화 등을 통해 협동조합이 처한 정체성의 위기를 극복해야 한다.

나. 협동조합의 역할

정상적인 시스템을 만들고 지키기

세계적으로 협동조합은 여전히 중요한 사회조직의 일부분으로 존재한다. 우리나라도 협동조합에 대한 관심이 높아지고 있는 가운데, 협동조합의 영역이 확대되고, 설립되는 협도조합의 수가 크게 늘어나는 양적 성장이 이루어지고 있다. 앞으로 협동조합이 질적인 성장을 하려면 어떠한 역할을 해야 할까?

결론부터 이야기 하면 협동조합은 사업방식이 아닌 사업의 기능으로 역할을 강화해야 한다. 다양한 사업유형과 방법이 있지만, 협동조합은 사업을 통해 '이윤을 추구'하려는 목적이 아니다. 경제적이고 사회적 조직으로 올바른 기능을 통해서 협동조합의 역할을 해야 한다.

예를 들어, 소비자 협동조합이라면 소비자에게 제공하는 상품(혹은 서비스)의 가격을 무조건 낮게 하는 것이 아니다. 가격을 낮추기 위해서 생산자 혹은 서비스 제공자에게 정당한 납품가격을 요구하는 것은 협력을 추구하는 협동조합의 올바른 사업방식이라 할 수 없다. 이를 위해서 요구되는 것은 협동조합이 규모화, 연대 등을 통한 시장교섭력 확보가 무엇보다 중요한 점은 두말할 나위가 없다. 생산자에게 적정한 원가를 보장해주고 소비자에게는 적정 수수료를 부가한 가격으로 판매해야 한다. 사실 이러한 기능은 일반적인 유통업체나 소매업체들이 하는 일인데, 이것이 어떻게 협동조합의 기능인지 의문을 가질 수 있다. 조금만 자세히 들여다보면 이처럼 당연한 일들이 현실에서 많은 난관에 부딪치는 것을 알 수 있다. 시장에서 소비자들이 소비할 물량보다 생산자들이 생산하는 물량이 적으면, 유통업체나 판매자들은 공공연하게 가격을 올린다.

채소나 과일 등은 유통비용이 평균 70% 수준인데, 고랭지 무나 배추는 80%를 넘기도 한다. 이렇게 되면 생산자도 소비자도 유통업체나 판매업체의 영향력을 벗어날 수 없게 된다.

반대로 공급할 물량이 소비할 물량보다 많아 재고가 남으면, 가격을 내려서 물량을 처리한다. 그래서 늘 가격이 폭등하거나 폭락하는 일들이 반복된다. 이러한 현상은 농산물, 축산물 등이 특히 심하게 일어나는데, 결국 생산자들과 소비자들은 혼란을 겪고 손해를 감수한다. 하지만 소비자협동조합은 생산자와 계약을 맺어 물량을 확보한다. 생산 물량이 조금 적거나 많아도 계약 가격이 있으니 생산자들은 크게 동요하지 않는다. 소비자들도 공급물량이 적거나 조금 많더라도 늘 협동조합을 통해 안정적인 가격으로 구매를 한다. 약간의 가격 변동에 대해서는 평소에 신뢰관계가 있으니 이해할 수 있으며, 꾸준한 교육을 통해 누구든 이러한 협동조합 방식의 시스템을 이해하려고 한다. 협동조합은 생산자도 소비자도 큰 손해를 입지 않도록 중간에서 조정하고 노력한다. 소비자협동조합이라고 해서 무조건 소비자에게 유리한 행동만 하는 것은 아니다. 이렇게 몇몇 협동조합이 가격을 유지해주면, 시장에서 가격이 안정적으로 회복될 수도 있다. 정부가 해야 할 물가 안정 기능을 협동조합이 대신한다고 볼 수 있을 것이다. 이러한 정상적인 시스템을 만들고 시스템이 작동하도록 하는 기능으로도 협동조합은 충분한 역할을 하는 것이다.

소비자협동조합 분야 중에서도 소매업 분야는 앞으로 협동조합의 역할이 가장 중요해질 분야라고 판단된다. 소매업은 현재 가장 치열한 경쟁이 이루어지고 있는 분야이며, 글로벌 기업들의 성장이 빠른 분야이기도 하다. 그런데 이런 가장 치열한 소매업분야에 어떻게 협동조합의 역할이 커질 수 있다고 하는지 의문이 생길 수도 있을 것이다. 세계의 소매업 분야 중 가장 대표적인 기업으로 테스코Tesco와 월마트Wal-Mart, 까르푸Carrefour 등을 들 수 있다. 세계에서 1-2위를 다투는 이들 기업이 우리나라에도 진출했었다. 테스코는 1999년 삼성과 테스코가 각각 50%의 지분을 출자하여 삼성-테스코라는 이름으로 우리나라에 매장을 열었으나 2015년 모든 지분을 매각하고 철수하였다. 까르푸는 프랑스에서 출발한 세계 2위의 소매업체로 1996년 한국 까르푸를 설립하고 한국에서 영업을 시작했으나, 역시 2006년 이랜드에 지분을 매각하고 한국에서 철수하였다. 글로벌 소매기업들의 철수는 한국의 소비자협동조합들에게 기회이면서 경각심을 가지게 한다. 아무리 막강한 자본력을 가지고 효율적인 시스템으로 운영하는 기업이라 해도 소비자의 마음을 얻지 못하면 한계에 다다를 수밖에 없다. 지역사회에 동화되지 못하는 기업, 지역 소비자들의 참여를 이끌어내지 못하는 소매점은 결국 소비자들의 외면을 받을 수밖에 없다. 따라서 소비자협동조합은 지역의 소비자들을 얼마나 많이 조합원으로 확보할 수 있는가에 따라 성공과 실패가 달려있다. 더욱 까다로워진 소비자들은 더 편리하게 쇼핑하길 원하고, 더 저렴한 가격의 제품을 원한다. 하지만 동시에 윤리적인 소비, 친환경적인 제품, 공정 무역, 로컬푸드와 생산자, 지역사회에 대한 환원 정도 등도 고려한다. 소비자 협동조합은 소비자들에게 적정한 가격으로 제품을 공급하는 동시에 시민의식, 윤리적 소비를 강조하는 사상을 제공해 주어야 한다. 이러한 의식의 기반위에 소비자의 관심영역은 확대될 수 있을 것이다.

오랫동안 '인간은 이기적인 동물'이라는 전제가 당연하게 받아들여졌다. 이러한 전제에서 기업이 경쟁하고, 경제가 작동한다고 믿어왔다. 이기적이기 때문에 무조건 자신과 기업에게 이익이 되는 방향으로 행동하며, 그것을 더해보면 사회적으로 이득이라는 논리이다. 하지만 정말 그럴까? 인간은 이기심에 의해 이익이 되는 방향으로만 행동하고 있는가? 치열한 경쟁만이 남아 있을 것 같은 기업 생존 세계에서도 협력 시스템으로 성공한 사례를 흔히 볼 수 있다. 사우스웨스트항공[Southwest Airlines], 도요타Toyota 생산 공정, 시카고 치안참여 프로그램[Chicago's Community Policing Program], 위키피디아Wikipedia, 리눅스Linux 등이 대표적인 기업들이다.[81] 이들은 인센티브나 처벌, 위계적 통제보다는 협력 시스템에 의지해서 성공한 기업 혹은 조직들이라는 공통점이 있다. 인간의 이기심에 의존한 하향식 시스템 대신에 신뢰와 협력을 기초로 협력적인 네트워크를 만들었고, 시스템에 의해 작동할 수 있도록 했다. 이러한 조직들의 작동방식은 인간의 행동은 이기심에 의한 동기에서 작동한다는 전제들을 정면으로 반박하는 것들이다. 그렇다면 이러한 협력 시스템을 가장 잘 만들고 실천하는 조직은 어디인가? 바로 협동조합이다. 생산자와 소비자, 공급자와 구매자가 협력할 수 있는 시스템, 협력해도 충분히 비즈니스가 가능하다는 신뢰의 시스템을 협동조합이 앞서서 구축하고 실천하는 역할이 미래의 비즈니스에는 무엇보다 중요하다.

지금 대한민국에서는 이러한 실험과 실습이 진행되고 있으며, 위기에 강한 시스템으로 연착륙되기를 기대해 본다.

정직하고 투명한 원칙 지키기

협력 시스템은 눈속임이나 일방적인 강요로 이루어지지 않는다. 협동조합은 일반 투자자소유 기업이라면 용납될 정상적인 이윤추구 행위에 대해서도 의심이 제기되었고, 논란을 거듭해 왔다. 레이들로 박사가 지적한 것처럼 조합원을 모집하기 위해 대외적으로는 '비영리성'이라는 이유로 판매가격을 인상하여 수익을 올린 뒤, 수익을 조합원에게 배당금으로 지급하는 것은 단순한 '기교'라고 비판하였다. 이윤을 남겨 배당하는 것은 주식회사 등 영리법인과 동일한 형태로 소비자 조합원을 위한 것처럼 보일지 모르지만, 꼼수에 지나지 않는다. 그것은 소비자가 가져가야 할 이익을 조합원들이 가져가는 행위라고 판단한 것이다. 협동조합은 협동조합 조직 규모를 키우는 것이 목표가 아니다. 조합이나 조합원의 이익을 극대화하기 위해 다른 이해관계자들에게 손해를 끼치거나 이익을 침해하는 것을 당연하게 받아들이지 않아야 한다. 시장가격보다 높게 혹은 시장가격 수준으로 가격을 유지하면 많은 이익을 얻을 수 있고, 그 이익으로 조합원에게 배당을 조금이라도 더 줄 수 있지만, 가격을 내리더라도 공정한 방법으로 생산자, 판매자, 소비자 모두가 공존할 수 있는 방법을 찾아 실천하는 것이 올바른 역할이다. 소비자가 정당하게 대우받고 있다는 믿음을 고객들에게 줄 때 협동조합의 신뢰는 더욱 높아질 것이다. 그런 신뢰가 바탕이 되어야만 협동조합이 협력시스템을 만들어 갈 수 있다. 협동조합 매장의 가격이 조금 비싸더라도 그 이윤은 생산자에게, 공급자에게 정당한 가격 지지를 해주는 일이고 모두가 함께 생존할 수 있는 비즈니스라고 믿게 될 것이다. 눈 앞의 이익이 아닌 협력하고 투명하게 공개하고, 설득하고, 원칙을 지켜가는 모습을 보여줄 때 협력시스템이 만들어 진다. 조합원, 소비자, 고객 모두 협동조합을 통해 하나로 연결된 유기적 존재들이다. 소비자들은 가능하면 윤리적 소비를 하려고 하고, 가능하면 환경에 부담을 주지 않는 소비를 하려는 동기를 충분히 가지고 있다. 다만 비즈니스가 그런 신뢰를 주지 못하고 있을 뿐이다.

직원 협동조합의 경우라면 적정한 이윤을 통해 지속가능한 안정적인 일자리를 늘려 가야 한다. 자본의 이익 혹은 주주의 이익 때문에 낮은 임금의 비정규직을 고집하고 있는 영리 기업조직에 모범을 보여줄 수 있어야 한다. 저임금 노동의 대명사로 여겨지는 택시운전도 협동조합으로 개선될 수 있음을 보여주고 있다. 영업용 택시 회사는 저임금과 고된 노동으로 택시 운전사를 구하지 못해, 회사에서 보유하고 있는 택시들을 주차장에 그냥 세워둘 수밖에 없다. 이를 가동률이라고 하는데 가동률이 높아야 이윤이 생겨 임금을 지급하는데, 가동률이 낮으니 임금을 낮게 지불하고, 낮은 임금 때문에 택시 운전기사를 구할 수 없어 악순환이 계속된다. 그런데 이런 어려운 택시회사를 조합원들이 인수해서 협동조합으로 전환했다. 운전기사들이 조합원이 되어 직접 운전도 하고, 대의원을 선출하여 사고처리위원회, 인사관리위원회 등을 구성해 회사 운영 전반에 참여한다. 그리고 운영에 관한 모든 사항을 조합원들에게 공개한다. 이렇게 협동조합으로 운영한 결과 일반 법인택시회사들은 매출액의 35% 정도가 인건비로 지출되는데, 택시 협동조합은 65%를 인건비로 지급할 수 있게 되었으며, 운전하는 조합원들의 평균 월급이 270만 원 수준으로 높아졌다. 직원들 인건비가 많아졌으니 회사는 운영이 어려워야 하는데, 오히려 매출액이 3배 이상 늘어나고, 직원 수도 증가했다. 직원들이 만족하니 사고율은 오히려 낮아진다. 택시협동조합이 놀라운 성과를 이루어 내자 전국적으로 택시 협동조합이 출범하고 있다.[82] 협동조합이 악성 일자리를 양질의 일자리로 바꾼 대표적 사례라고 할 수 있다.

어떻게 이런 일들이 가능한가? 경영진들이 운전하는 직원들에게 신뢰를 주고 직원들도 경영진들에게 협력했기 때문이다. 정당한 대우를 받고, 정당한 임금을 받을 수 있는 시스템 속에서 운전하는 직원 조합원들은 택시를 이용하는 고객들에게 더 높은 신뢰를 주었기 때문이다. 이것이 협력 시스템이다. 이익이 생기면 함께 나누고, 문제가 생기면 함께 고민하여 문제를 해결해 나간다. 과거 노사勞使로 나누어, 지시하고 따르는 조직이 아니라 하나의 유기체이니 빠른 의사결정과 실천이 가능하다. 기존 택시 회사 직원인 운전기사들은 소유권을 가지고 있지 않아 회사에 본인들의 몫이 없다. 이익이 아무리 많이 생겨도 열심히 일할 동기를 얻지 못했다. 하지만 택시 협동조합의 경우 소유권이 모든 직원들에게 분배되어 있다. 따라서 자연스럽게 책임감을 가지고 일을 하게 된다. 내 회사의 일이니 회사가 잘 될 수 있도록 몸과 마음을 다하여 협력하게 된다.

결국, 협동조합은 최소한의 이윤만으로 지속가능한 생산, 안정적인 고용, 합리적인 소비가 가능하도록 하는 것이다. 이것이 가능한 이유는 모두가 성공을 위해 협력하기 때문이다. 따라서 출발점이 다르다. 투자자 소유 기업이 이기심에서 출발한다면 협동조합은 협력이라는 전제에서 출발한다. 모두가 협력하는 시스템을 만드는 것이 협동조합의 역할이다.

협동조합이 이윤추구를 하지 않는다고 합리적인 운영까지 포기하는 것은 아니다. 오히려 운영에서는 실용적이고 합리적인 경영이 요구된다. 신뢰를 주어야 하기 때문에 실용주의와 이상주의의 원칙이 혼합된 조직으로 나아갈 수밖에 없다. 효율적인 운영으로 최소한의 비용을 집행하고, 경제적인 성과도 올려야 한다. 경제적 이익이 없으면 협동조합에 참여할 동기가 사라지고, 조합원들을 모집하는 것이 어렵게 되면, 애초에 협동조합 설립이 불가능해질 수도 있다. 앞장에서 이야기한 것처럼 조합원들은 협동조합을 이용하면서 편익을 얻어야 한다. 그것이 경제적인 편익이라면, 경제성을 얻기 위해 원가 경영을 통해 더 많은 조합원들을 참여시켜 공동행동을 이끌어 내야 한다. 불필요한 비용을 절감하고, 효율성을 높여 조합원의 이익을 확보하기 위해서 더 많은 노력이 필요하다. 자본이 주인이 아니라 조합원이 주인이기 때문에 함께 토론하고, 고민해서 더 나은 방법을 찾아야 한다. 다시 강조하지만 조합원이 성공을 위해 협력하려는 동기를 어떻게 만드는가에 따라서 협동조합의 역할은 달라진다.

탐욕으로 뭉쳐진 거대한 자본 앞에서 힘없이 서있는 시민들을 대변하고, 함께 대항해서 싸우는 역할을 해야 한다. 약자인 시민들의 희망이 되어야 한다. 경제적 약자인 그들 모두가 조합원이다. 조합원으로 대표되는 생산자, 소비자, 직원 등 지역주민들을 참여시키고 협력하도록 그들의 목소리를 경청해야 한다. 사람들은 협력할 준비가 되어 있고, 협력할 기회를 만들어 주면 된다. 그것이 협동조합의 역할이다.

다. 협동조합의 과제

협동조합의 미래는 어떻게 변화하는가에 달려 있다. 변화는 내부에서부터 외부까지 모두를 포함하여야 한다. 우선 안으로부터는 정체성 확립, 전략의 수립, 실천이 뒤따라야 하며 밖으로는 협동조합의 가치와 이념을 지속적으로 확산시켜야 한다. 변화는 이제 시작되었다.

어떻게 함께 갈 것인가?

수년전부터 우리나라는 '사회적 경제'에 큰 관심을 가지고 있다. '사회적 경제'를 설명하는 많은 이론들이 있지만, 한 마디로 명확하게 정의하기는 어렵다. 필자는 '사회적 경제'를 한 마디로 '모두가 행복해질 수 있는 방법을 고민하고 실천하는 경제'라고 말하고 싶다. 경제학자인 우석훈 박사는 사회적 경제를 '가난 속에서 피워 올린 꽃'이라는 시적인 표현을 하고 있다. 자본주의의 꽃을 피울 때 대기업이 주도하는 시장경제가 성장했다. 그러나 대공황이나 금융위기 등 예측할 수 없는 상황에서 OECD 국가들을 중심으로 사회적 경제에 관심을 가지게 되었다. 사회적 경제는 시장경제처럼 화려하지 않으며, 정부 권력처럼 단단하고 강력하지 않을 수 있다. 그러나 가난한 사람들이 더 가난해지고, 어려운 지역이 더 어려워지기 전에 부드럽고 온건하게 보호 장치를 만들었던 것이 사회적 경제다. 그래서 힘든 시간이 되면, 사회적 경제 요소들이 더 강해지기 때문에 '가난 속에 피워 올린 꽃'이라 부른다는 것이다.[83]

사회적 경제에 대한 관심과 기대가 저개발국가 뿐만 아니라 미국, 유럽, 일본 등 자본주의가 발달한 나라에서도 활발하다. 우리말로 '경제'는

'경세제민經世濟民'의 줄인 말이다. 세상과 나라를 잘 다스려 구제하는 일이 경세제민이다. 그런데 이 '경세제민'은 강력한 정부가 나서서 해야만 하는 일도 아니고, 거대한 자본 기업만이 하는 일이 아니다. '사회적 경제'는 이러한 경세제민을 개인부터 국가까지, 작은 마을에서부터 전국적인 지역까지 모든 사회가 나서는 것을 의미한다. 결국 사회적 경제는 사람을 위한 경제이며 사람과 사람의 중요성을 인식하는 것이다. 경제는 사람을 먼저 고려하는 것이니 사회적 경제는 경세제민을 가장 근본적으로 실천하고 있다. 그래서 국가의 복지가 발달한 나라들일수록 국민경제에서 사회적 경제가 차지하는 비중도 높다고 한다.

흔히들 일본은 '국가는 부자인데, 개인들은 가난한 나라'라고 한다. 이제 그러한 나라는 존재할 수도 없고, 그런 상황은 정의로운 일이 아니다. 국가가 부자이면, 당연히 구성원인 개인도 부자여야 한다. 아니 부자는 아니어도 기본적인 삶을 유지할 수 있어야 한다. 그것이 기본적인 복지인지, 보편적 복지인지는 중요하지 않다. 국민이 기본적인 삶을 유지하는 데 필요한 것들이 제공되어야 하는 것이다. 그런데 대개 복지는 국가가 나서서 해야 하는 것으로 인식하고 있다. 국가의 책임이니 국가에 전부 맡기는 것이 당연하다고 주장할 수 있다. OECD 국가에서 사회적 경제가 활발한 이유를 생각해보면 알 수 있다. 복지는 국가가 해야 하는 기본적인 일이지만 국가가 전부 다 해결할 수 없다. 사실 국가가 전부 해결할 수 없어서가 아니고 국민들 모두에게 충분하게 전달되도록 하기 위해 사회적 경제가 활발하게 활동한다.

이상한 현상이지만, 우리 사회는 기업이 잘 되어야 나라가 잘되고 개인들도 잘 먹고 살 수 있다는 고정관념이 오랫동안 지배했다. 기업이 잘 되어야 나라가 잘 된다는 환상은 대기업을 만들었고, 공룡 같은 한국적

재벌을 만들었다. 기업은 이익 유보금이 수 조 원씩 넘쳐나는데, 해고를 일상적으로 하고, 비정규직을 양산하는 일이 있어서는 안 된다. 물론 새 정부가 들어서면서 우리 사회의 양극화를 해소하기 위한 거대 담론을 형성하고, 실천 방법을 찾기 위한 노력은 다행스러운 일이다.

이러한 시대의 흐름과 사회적인 분위기가 새롭게 변화되는 시기에 가장 대표적이고 광범위한 사회적 경제 조직인 협동조합은 어떻게 될 것인가? 협동조합의 미래는 밝을 것인가?

결론부터 말하면 협동조합은 더욱 중요한 조직으로 성장할 것이다. 개인의 삶을 풍성하게 하는 데 더 많은 영향을 미치게 될 것이다. 협동조합은 앞서 이야기한 '복지' 혹은 '삶의 질'에 관련이 깊다. 협동조합의 정의를 다시 한 번 되새겨 보자. '공통의 경제적 · 사회적 · 문화적 필요와 욕구를 충족시키고자 하는 사람들이 자발적으로 결성한 자율적인 조직'이다. 협동조합은 개인의 경제와 사회, 문화 즉 삶의 질에 필요한 모든 욕구를 만족시키기 위한 조직이다. 다른 말로 하면 먹고 사는 문제뿐만 아니라 사회와 문화 등 정서적인 문제, 즉 복지를 향상시키기 위한 목적이다. 돈을 벌기 위한 일부터 안심하고 먹을 수 있는 먹거리의 제공, 안정적인 일자리 등 협동조합은 더 많은 일들을 하게 될 것이다. 협동조합의 영역이 구분되어 있는 것이 아니라 경제, 사회 구석구석에 협동조합이 존재하게 될 것이다. 그러나 이런 영역 확대를 위해 협동조합이 해결해야 할 과제가 있다. 협동조합의 건강한 성장을 위한 토대를 마련하는 일이기도 하다.

참여의 미덕 : 어떻게 참여 시킬 것인가?

협동조합의 정의, 원칙, 가치 등에서 여러 차례 언급한 것처럼 협동조합은 사람들 즉, 인적자원을 기초로 세워지는 조직이다. 어떤 조직이든 지속적으로 성장하기 위해서는 외형적인 성장 조건 이전에 내부 구성원과 조직이 튼튼해야 한다. 태풍에도 견딜 수 있는 나무의 힘은 뿌리가 땅에 단단히 고정되어 있어야 하는 것과 같은 이치다.

협동조합은 근본적으로 조합원이 공동으로 소유하고, 공동으로 운영하는 민주적인 원칙으로 작동한다. 따라서 조합원, 임원, 직원 등 인적 구성이 탄탄해야 한다. 협동조합 목적에 공감하고 협력하는 조합원들로 구성되지 않으면, 애초 설립이 불가능하기 때문이다. 처음 협동조합의 아이디어를 내는 사람을 시작으로 사업 준비와 착수, 총회를 통한 정관의 작성과 임원 선출, 출자금의 조달 등 모든 과정에서 조합원의 참여 없이는 불가능하다. 협동조합의 목적에 공감하고 동질감을 느낀 조합원들이 많을수록 협동조합은 활기를 띠게 된다. 모든 것에 공감하고 동질감을 가진 조합원들은 자발적으로 조합원을 모으고 설득하고 스스로 정체성을 찾아가게 될 것이다. 무엇보다 중요한 것은 설립과정에서 조합원들 간 충분한 커뮤니케이션이 이루어져야 한다.

실제 설립된 협동조합 구성원들을 인터뷰해보면, 협동조합 교육에 한 번도 참석하지 않고, 심한 경우 협동조합 총회에서 얼굴 한 번 보지 못한 조합원들이 가입신청서를 작성하는 경우를 보게 된다. 서로 충분한 의견교환 없이 어떻게 서로를 이해할 수 있겠는가? 서로 이해하지 못하는데 어떻게 공동의 목표를 세울 수 있는가? 커뮤니케이션은 조합원의 협력에 핵심적인 열쇠다. 농촌 현장에서 농협 조합원들이 간혹 특별한 이유 없이 소속된 농협을 비난하고 무조건적으로 농협 사업에 비협조적인 것을 보게 된다. 비난하고 있는 자신이 바로 농협 조직의 주체임을 망각한 채 말이다. 우리는 말을 통해 자신의 감정뿐만 아니라 사상과 철학을 표현하고 전달한다. 말을 통해 신뢰를 쌓고 서로를 이해하기 시작한다. 충분한 의사소통을 통해 공감하게 되면 자신의 목표와 조직의 목표를 일치시킨다. 서로 토론을 거쳐 협의 하에 세워진 규칙이나 약속을 더 잘 준수하게 된다. 협동조합을 설립한 이후에 의사소통을 한다는 것은, 앞뒤가 바뀐 것이다. 충분한 의사소통은 조합원의 참여와 협력을 이끌어 내며, 더 튼튼한 협동조합을 만들어 가게 될 것이다. 협력하는 조합원이 없으면, 성공은 이룰 수 없다.

설립된 이후에는 원활한 사업을 위해서 적극적으로 사업을 이용할 수 있도록 조합원들을 만족시켜야 한다. 조합원들이 무조건 많이 참여하고, 적극적으로 협동조합을 이용한다 하더라도 성공한다는 보장은 없다. 우선 협동조합 사업에 동의하는 조합원을 모집하는 것도 쉬운 일은 아니며, 동의했다 하더라도 지속적으로 참여하고 싶은 동기를 유지하기도 어렵다. 협동조합에 지속적으로 참여하기 위해서는 협동조합이 추구하는 경제적, 사회적, 문화적 목표가 매력적이고 충분한 동기가 있어야 한다. 참여 동기가 있을 경우, 관심을 가질 것이고 사업을 이용하고 싶은 욕구가 생길 수 있다. 또 일단 목표에 동의해서 참여했다 하더라도 협동조합을 이용할 때 얻어지는 충분한 이익이 있어야 한다. 예를 들어, 소비자 협동조합 슈퍼마켓의 소비자 조합원이라면 협동조합 마트를 이용할 때 주변의 일반 대형 마트를 이용할 때보다 더 많은 이익이 있어야 한다. 가격이든 품질이든, 어느 한 가지라도 조합원에게 매력이 있어야 지속적으로 이용할 것이다. 여기서 물론 여기서 경제적 이익만을 의미하지는 않는다. 협동조합이 지역 사회에서 펼치는 활동 즉, 환경보호에 대한 실천, 소외계층에 대한 공헌, 지역사회에 대한 기여가 협동조합의 가치가 될 수 있다는 것을 조합원들이 인식하는 것도 정서적 이익이 될 수 있을 것이다. 신뢰를 쌓고 협동조합이 하는 일에 공감한다면 더 큰 만족을 얻게 될 것이다. 사람들이 기부를 하는 이유와 같은 것이다. 문제는 얼마나 협동조합 사업에 공감하고, 참여를 이끌어 내는가에 달려있다.

조합원의 적극적인 참여로 사업이 활발하게 이루어지는 경우에도 해결해야 할 문제들은 여전히 존재한다. 협동조합의 특징인 1인 1표에서 오는 의결권 문제도 그 중 한 가지다. 조합원들 한 명 한 명의 의견을 듣고, 이해시키고, 설득하고, 토론하는 과정 즉 의사를 결정하는 과정은 쉽지 않은 일이다. 더욱이 이러한 과정은 반드시 비용과 시간, 노력이 들어가게 된다. 이것을 '의사결정비용'이라고 한다. 협동조합 기본법에 의해 설립된 조합들의 평균 조합원수는 2015년 기준 약 48명 수준이다. 적게는 최소 기준인 5명에서부터 많게는 수천 명의 조합원이 참여한 협동조합도 있다. 이렇게 많은 조합원들이 모두 같은 생각과 의견을 가지고 있지는 않을 것이다. 아무리 같은 목표와 관심사를 가지고 모인 협동조합이라 하더라도 각양각색의 의견들을 일치시키기 위해서는 토론과 설득, 때로는 갈등의 과정을 겪게 된다. 토론과 설득의 과정은 노력과 시간이 필요하므로 기업의 입장에서 결국 모두 비용으로 간주하는 것이다. 주식회사라면 의사결정과정은 비교적 쉽게 이루어 진다. 수만 명의 주주들이 있지만, 가장 많은 주식을 가지고 있는 최대주주가 결정하면 나머지 주주들은 자발적으로 혹은 어쩔 수 없이 최대 주주의 의사를 따를 수밖에 없다. 하지만 협동조합은 아무리 출자금을 많이 납부한 조합원이라 해도 오직 한 표를 가지고 동일한 의결권을 행사하기 때문에 모든 조합원이 의견일치를 이루는 과정은 쉽지 않다. 의사결정비용이 주식회사에 비해 많이 소요되기 때문에 일반적인 투자자소유기업(주식회사)은 협동조합을 비효율적인 조직이라고 여긴다. 실제로 많은 협동조합들이 의견일치가 안 되고 갈등을 해결하지 못해서 해산하기도 한다. 이러한 경우 오히려 민주적인 협동조합의 운영원칙이 위협요인이 되는 것이다. 따라서 협동조합은 평소에 의사소통하는 데 많은 노력을 기울여서 조합원들의 요구사항, 불만사항을 충분히 알고 있어야 한다. 그런 노력이 없이 조합원을 사업 대상자로 생각하고 소수의 임직원이 조합원들을 대신하려 한다면 의사결정비용은 매우 커질 것이다.

협동조합은 자본이 아닌 사람이 중심이 되는 조직이며 민주적 운영 원리를 핵심 가치로 지켜온 조직이다. 단순히 자본 문제를 해결하기 위해 1인 1표, 민주적 운영을 포기해서는 안 된다. 오히려 서로 다른 조합원들의 참여 동기를 이해하고 의사소통을 통해 의견일치를 이루는 과정, 갈등을 해결하는 과정을 오히려 조합원들을 참여시키는 과정으로 전환시켜야 한다. 갈등을 해결하기 위해 토론과 설득, 협력을 이루는 과정을 통해 협동조합이 협동조합다운 정체성을 회복하는 것이다. 협동조합 초기 경제적 약자들이 자본의 문제를 극복한 방법이 바로 사람의 힘이다. 자본으로 해결하려 한다면 굳이 협동조합을 만들 필요는 없다.

무임승차 : 어떻게 이용하게 하는가?

협동조합을 위해 모인 조합원들 중에는 협동조합 사업에 적극적으로 참여하는 조합원과 그렇지 않은 조합원이 있을 것이다. 사랑을 하던 연인사이에도 사랑이 식으면 이별하듯이 협동조합에 애정을 가지고 참여했던 조합원들도 여러 가지 이유로 관심이 식어가면서 협동조합에 불만을 가질 수 있다. 협동조합은 여전히 애정을 가진 충성파 조합원과 애정이 식어버린 불만파 조합원이 함께 존재할 수 있다. 협동조합이 모든 조합원을 만족시킬 수 없고, 사업이 언제나 잘 될 수는 없는 일이므로 불만이 생긴 조합원은 더 이상 협동조합 사업을 이용하지 않으려 할 것이다. 따라서 불만을 가진 조합원들을 설득하기 위해서 공평한 운영원칙이 세워져 있어야 한다. 협동조합이 특정인 혹은 특정세력에게만 이익을 제공한다면 불만은 커지고 협력하지 않게 될 것이다. 협동조합에 적극적으로 참여하도록 하려면 협동조합의 시스템과 운영원칙이 공정하고, 혜택이 정당하게 돌아온다는 신뢰감을 주어야 한다.

협동조합에 적극적이지 않은 조합원도 협동조합을 통해 얻을 수 있는 작은 이익이라도 있으면 협동조합을 탈퇴할 생각은 없다. 이러한 생각은 인간의 욕심 혹은 이기심으로 인해 어느 조직에서나 발생할 수 있다. 소위 '무임승차' 문제가 협동조합은 더욱 크게 나타난다. 협동조합의 사업은 적극적으로 이용하지는 않으면서 배당이나 의결권 등 권리는 적극적으로 찾으려는 조합원으로 인해 갈등이 발생한다. 무임승차하는 조합원들이 많아지면, 사업을 적극적으로 참여하는 충성파 조합원들이 불만을 가지게 된다. 불만이 점점 쌓이게 되면 결국 협동조합 사업에 참여하려는 의욕이 사라지고 충성파 조합원들도 불만파 조합원이 되는 악순환이 발생하게 된다. 미국 등 서구의 협동조합들이 이러한 문제를 겪었으며 지금 우리나라 협동조합들에서 나타나고 있는 문제들이다. 열심히 참여하는 조합원과 관망하는 조합원들의 갈등, 출자금을 많이 납입한 조합원과 적게 납입한 조합원과의 갈등, 무임승차 조합원들의 제명, 열심히 참여하는 조합원들의 의욕상실 등 협동조합이기 때문에 사소한 갈등도 더욱 크게 보일 수 있다.

무임승차 조합원들에 대해서는 충분한 시간을 가지고 소통하는 과정이 반드시 필요하다. 사전에 그들의 의견을 묻고 사업에 반영할 수 있는 노력을 보여주는 것으로 불만을 가진 조합원들의 참여를 높일 수 있다. 무엇보다 협동조합 사업에 적극적으로 참여하는 조합원에게 더 많은 혜택이 돌아갈 수 있도록 다양한 수단을 마련해야 한다. 예를 들어, 가장 보편적으로 적용하는 방법은 이용고 배당을 높이는 것이다. 협동조합 사업을 많이 이용하는 조합원에게 더 많은 이익을 배당하는 것이다. 신용카드의 포인트 적립 방식처럼 협동조합 사업 이용액이나 이용횟수 등에 따라 나중에 이익 잉여금이 발생했을 때 차등으로 배당을 해주는 방법이다. 나부터 적극적으로 참여해야 나를 포함한 전체 조합원의 이익이 커진다는 인식이 있어야 무임승차를 줄일 수 있다.

무임승차 문제는 결국 출자금의 납부 문제를 가져온다. 출자금은 사업을 준비하는 자본금이자 운영자금이기 때문에 반드시 납입을 해야 한다. 자본금은 다다익선多多益善이다. 자본금이 많으면 많을수록 사업을 시작하고 경영하는 데 유리하기 때문에 조합원들이 출자를 많이 할수록 협동조합은 자금의 여유를 가지게 된다. 하지만 많이 출자한 조합원이나 적게 출자한 조합원이나 의결권은 1표로 동일하다. 이자의 개념으로 생각할 수 있는 출자금에 따른 출자배당도 법률로 제한되어 있다. 이익이 많이 남아도 출자금에 따른 배당이 상대적으로 적으니 더 많이 납입할 수 있는 조합원도 출자금 납부에 소극적이게 된다. 그래서 미국의 신세대 협동조합의 경우 출자금 문제를 해결하기 위해 출자금에 따른 의결권의 차등을 두기도 한다. 하지만 의결권의 차등은 출자금의 문제를 해결할 수 있겠으나, 출자를 많이 하는 조합원의 의견이 강화되는 부작용을 낳기도 한다. 그렇게 되면 협동조합의 운영이 자본 중심으로 흐르게 되어, 협동조합의 원칙을 훼손할 것이라는 비판을 받고 있다. 출자금을 해결하기 위한 방법이 협동조합의 정체성을 훼손한다는 논쟁은 여전히 진행 중이다. 이러한 출자금 문제를 접근하는 데 도움이 되는 주장이 있다.

> 인간의 다양한 동기를 이용하는 최고의 방법 중 하나는 불균형적인 기여를 허용하는 것이다. 다시 말하면, 어떤 사람들은 많이 기여하게 하고 어떤 사람들은 적게 기여하게 놔두는 것이다. 이 방법이 성공하려면, 불균형적인 기여가 무임승차라는 사고방식을 극복해야 한다. 확실히 몇몇 사람들만 일을 많이 하는데도 나머지 사람들이 이익을 나눠 갖는 것처럼 보이는 경우도 있다.[84]

비즈니스 영역에서 협력의 중요성을 강조하는 요차이 벤클러 교수는 오히려 '불균형적인 기여', 즉 '무임승차'를 인정하라는 것이다. 이것이 협력을 위해서 필요하며 가지각색의 사람들을 집단적인 노력을 하게 하거나 생각을 조정하여 협력시키려는 시스템 즉 협동조합 같은 시스템에는 융통성이 있어야 한다고 주장한다. 출자금을 적게 납부하고 사업에 소극적인 조합원이 이익을 가져가는 것처럼 보일 수 있으나 그 조합원도 나름의 기여를 하고 있다고 인정해 주어야 한다. 그리고 출자금을 많이 납부할 수 있는 조합원은 많이 납부하도록 하고, 다른 조합원들로부터 기여하는 것에 대해 존중받는다고 느낄 수 있게 만들어야 한다는 것이다. 같은 조합원이라 해도 사람마다 동기가 다를 수 있기 때문이다. 인간의 동기는 다양하기 때문에 상황에 따라서 행동도 달라진다. 협동조합에 참여하는 사람들의 동기가 저마다 다름을 인정하고, 그들이 원하는 만큼 참여하고 협력하고, 기여할 수 있도록 해야 성공한다.

출자금의 경우 조합원이 되는 데 필요한 기본 출자금을 정하고, 최저 출자금과 최대 출자금의 격차가 많이 나지 않도록 조율하는 기술적인 방법이 필요하다. 자본금을 확충하기 위해 공동으로 기금을 조성하는 방법도 논의되고 있다.

분명한 사업 수단 : 어떻게 수익을 올릴 것인가?

앞서 이야기했던 조합원들을 모으지 못하는 이유와 조합원들이 협동조합 사업을 적극적으로 이용하지 않는 원인을 찾아본다면 그 이유는 동일하다. 협동조합을 설립할 때부터 분명한 사업모델과 적절한 수익 구조가 없기 때문이다. 주변에 설립된 어떤 협동조합이 뚜렷한 목적 아래 사업을 잘 하고 있고, 경쟁력을 가지고 있다면 참여한 조합원들의 만족도는 크게 올라갈 것이고, 당연히 그 협동조합에 참여하고자 하는 조합원들이 많아지게 될 것이다. 협동조합을 통해 분명한 혜택을 누리고 있는데, 그걸 버리고 나가는 어리석은 조합원은 없을 것이다.

협동조합을 설립하기 전, 몇몇 사람과 만나서 의견을 나누는 단계에서부터 어떤 재화 혹은 서비스를 만들 것인지 분명해야 한다. 당연한 이야기지만 누구를 고객으로 할 것인지, 수익을 어떻게 확보할 것인가에 대한 기본적인 계획은 비즈니스의 첫걸음이다. 동일한 목표 아래 다양한 참여 동기를 가진 조합원들이 모이고, 모인 조합원들 모두가 사업에 적극 참여한다고 하더라도 협동조합 사업은 이제부터 시작이다. 협동조합은 설립된 이후부터 치열한 비즈니스의 세계로 뛰어들게 된다. 협동조합이 지배구조 혹은 소유권의 차이만 있을 뿐이지 비즈니스를 하는 것은 다른 기업조직과 유사하기 때문이다. 특히 일부 사회적 협동조합을 제외하고 대부분의 협동조합은 조합원들만을 대상으로 비즈니스를 하는 것이 아니라 일반 소비자를 대상으로 하는 영역이 많아서 더욱 많은 준비가 필요하다. 동일한 업종에서 일반 기업이나 개인 사업체들과 경쟁에서 살아남기 위한 전략수립과 철저한 사전 준비가 요구된다.

앞장에서 협동조합과 주식회사의 차이점에서 언급한 것처럼 동일한 재화나 서비스를 제공하면서 주식회사와 차별화할 수 있는 수단을 찾아야 한다. 협동조합이 가진 의사결정구조로 인해서 운영상의 비효율이 발생할 수 있다. 이로 인해 의사결정비용이 커질 수 있지만 조합원들의 관심과 참여를 높일 수 있다면 오히려 장점이 될 수 있다. 의사소통을 통해 구성원들의 관심사를 파악하고, 요구사항을 해결하는 과정이 사업의 일부분이다. 그리고 사업을 통해서 발생한 잉여 이익을 조합원 혹은 소비자들에게 돌아갈 수 있도록 해야 한다. 어쩔 수 없이 의사결정비용이 소요된다면 다른 부분에서 원가를 절감해서 경쟁력을 잃지 않도록 하는 것도 협동조합이 해결해야 할 과제일 것이다.

협동조합의 장점은 조합원이나 고객의 참여를 보장하는 것이므로 비즈니스에서도 고객들의 참여를 확대할 수 있는 방법을 찾아야 한다. 고객들에게 제품이나 서비스에 대한 충분한 정보를 제공해서 협동조합의 제품이나 서비스가 가진 차별화를 인식할 수 있도록 해야 한다. 조합원이라 해도 결국 협동조합의 고객이다. 고객 만족도를 높이지 못하면 생존을 장담할 수 없다. 기존 조합원과 고객의 만족이 올라가면 신규 조합원의 확보가 뒤따르게 될 것이다. 동일한 제품을 소비하는데 조합원에게 더 큰 혜택이 주어진다면, 참여하고 싶지 않겠는가? 조합원이 아닌 소비자도 협동조합에 협력하고 신뢰할 수 있도록 만들어야 한다. 앞서 협동조합 사례에서 꾸준한 성장을 하고 있는 아이쿱생협이나, 고산농협의 경우를 보았다. 성공하고 있는 협동조합은 조합원이나 소비자를 꾸준히 교육하고 사업에 참여시켜 협동조합 제품에 대한 신뢰를 높이는 것이 장기적으로 사업의 안정성을 확보할 수 있는 방법이다.

협동조합 플랫폼 구축 : 어떻게 협력할 것인가?

협동조합의 영역을 확장하기 위해서는 협동조합의 가장 취약한 약점인 자본조달의 문제를 해결해야 한다. 협동조합은 자본 중심이 아닌 인적 구조 중심이므로 자본조달이 취약할 수밖에 없다. 따라서 사업목표를 달성하기 위해 참여를 희망하는 많은 조합원들을 모으고, 그 조합원들을 통해 자금을 조달하는 것이 가장 바람직한 모델이다. 경제적인 여유가 있는 한두 사람 혹은 조직을 통해 자본을 조달하는 것은 협동조합의 자율과 독립을 방해할 수 있기 때문이다. 협동조합에 동의하는 다수의 조합원을 통해 자금을 조달하는 것은 민주적인 운영과 조합원들의 적극적인 사업 참여를 동시에 달성하는 수단이 되기도 한다. 하지만 현재 대부분의 협동조합은 자본조달의 어려움을 토로하고 있다. 경제적인 문제 즉 자본의 한계를 해결하기 위해 모인 협동조합으로서 가장 해결이 어려운 부분이기도 하다.

두 번째 자금조달을 생각해 볼 수 있는 방법은 투자자를 통한 방법이다. 협동조합에 동의하는 개인이나 기업, 기관들의 투자를 받는 것이다. 일반적인 기업법인이 가장 많이 사용하는 방법이기도 하며, 손쉬운 방법이다. 그런데 투자자를 통한 자금조달은 협동조합 스스로 분명한 목적과 명분이 있어야 한다. 협동조합의 목적을 달성하면서, 투자자에게 적정한 이윤이나 보상을 제공하는 것이 가능한지를 먼저 따져봐야 한다. 하지만 실제로 투자자를 통한 자본 조달은 현실적으로 어렵다. 투자자에게 투자 이익을 보상하면서 협동조합 고유의 목적을 달성하는 것이 매우 어렵기 때문이다. 만약 경제적 이익이 아닌 다른 방법으로 투자자에게 이익을 보상할 수 있는 수단이 있다면 가능할 수도 있다. 즉, 투자자들이 투자금에 대한 이윤회수를 목적으로 두지 않고, 협동조합의 사회적 · 문화적 가치에 동의하여 투자한다면 가능할 수도 있을 것이다. 따라서 협동조합은 투자자를 모집할 때 협동조합의 정체성을 해치지 않는 분명한 투자 제안서를 가지고 있어야 한다. 협동조합의 경제적 · 사회적 · 문화적 목적 달성을 위해 조합원들이 모두 동의하고, 협동조합의 정체성을 훼손하지 않는 범위에서 분명한 투자 기한, 자금범위, 이익률 등을 제시하고 투자자를 확보해야 한다. 농협과 같이 자금과 경제력이 탄탄한 기존의 협동조합들이 투자를 한다면 신생 협동조합들의 자금 조달 문제가 상당부분 해결될 수 있을 것이다. 이를 위한 금융수단, 법령정비 등과 같은 제도 정비와 함께 사회적 논의가 같이 이루어져야 한다.

다음으로 고려할 수 있는 방법은 협동조합이 직접 투자를 받지 않고, 펀드를 통한 간접지원으로 조달하는 방법이 있다. 금융기관이나 협동조합 조직이 투자자들로부터 자금을 모집하여 자금이 부족한 협동조합에 투자하는 방법이다. 우리나라에서는 아직 도입하지 않은 방법이다. 기존 농협, 신협, 새마을금고 등은 상대적으로 자금의 여유가 있다. 이들 기존 협동조합들과 기업의 사회적 자본 등을 펀드로 조성하고 협동조합에 지원한다면 직접적인 투자를 받는 것보다 투자자의 영향력에서 자유로울 수 있을 것이다. 투자의사 결정 시, 기업의 재무적 요소뿐만 아니라 환경, 사회적 영향, 지배구조 등과 같은 기업의 지속 가능성에 영향을 미치는 비재무적 요소를 고려하여 투자하는 사회책임투자(Social Responsible Investment, SRI)가 미국, 유럽 등에서 활발하다. 이러한 사회책임투자는 기업의 사회적 책임[CSR]의 확산으로 국내에서도 확대되고 있는데, 이러한 사회책임투자의 범위 안에 협동조합에 대한 투자를 포함하는 것도 논의해 볼 일이다. 물론 사회책임투자가 확대되기 위해서는 금융상품의 개발과 법·제도적 개선이 우선되어야 하겠지만, 무엇보다 협동조합과 조합원에 대한 투자자, 기업, 사회의 인식 전환이 이루어져야 할 것이다. 협동조합이 일반 기업과 동일하게 평가될 수 있기 때문이다. 협동조합 펀드를 조성하기 위해서는 중개기관 설립과 금융시스템의 개발 등이 필요하다. 협동조합 금융기관이 있지만 협동조합 펀드에 대한 모델이 없는 상황에서 투자금 조성, 투자 대상 선정, 투자기한이나 회수방법, 투자금의 사용범위 등에 대한 금융수단이 마련되어야 한다. 물론 사회전반적인 인식과 단계적인 변화가 필요하다.

따라서 협동조합 플랫폼에 대한 중장기적인 전략이 필요하다. 자본을 조달하기 위해 펀드를 조성하는 것도 협동조합의 정체성을 훼손하지 않아야 한다. 협동조합의 원칙을 준수하면서 자본의 제공자와 수혜자가 충분한 공감과 동질감을 가질 수 있는 방법이 마련되어야 한다. 어떤 유형의 비즈니스 모델이든 상호 협력적인 시스템이어야 한다. 자본을 제공하는 협동조합(농협, 신협, 새마을금고 등)이나 기업 조직들이 자금을 제공할 수 있는 충분한 유인이 제공되어야 한다. 신규 협동조합들은 설립할 때부터 명확한 목표를 가지고 무슨 일을 할 것이며, 참여할 사람들은 누구이고, 어떠한 경제적 · 사회적 기여를 할 것인지에 대한 로드맵이 있어야 한다. 펀드를 조성하는 기술적인 금융시스템 개발 이전에 협동조합 안에서 이러한 논의가 이루어지고 기존 협동조합과 신규 협동조합들이 연대할 수 있는 플랫폼을 구축해야 한다. 이것이 협동조합 자본조달의 어려움을 해결하기 위한 첫걸음이라 생각된다. 아직까지 우리나라에서 기존 협동조합 조직과 신생 협동조합들이 만나서 토론하고 이해하기 위한 커뮤니케이션의 장을 마련하지 못했다. 최근 농협에서 협동조합 기본법에 의해 설립된 신규 협동조합들과 연대하기 위한 방안을 모색 중이라는 소식을 들었다. 긍정적인 시작이 될 것이라 믿는다. 농협이나 신협과 같은 기존 협동조합들이 지역 사회에 대한 기여의 측면에서 혹은 협동조합 간 연대의 측면에서 실천을 위한 행동을 보여줄 때 조합원들과의 공감과 연대도 더욱 확대될 수 있다. 기존 조합원들이 협동조합에 대해 가지고 있는 신뢰를 회복해야 할 때이다. 조합원들은 협동조합을 통해 경제적 이익뿐만 아니라 사회적, 문화적, 윤리적, 도덕적 욕구를 충족시키길 원하고 있다. 협동조합 플랫폼 구축이 이러한 성공적인 협력 모델이 될 수 있을 것이다.

협동조합 기본법 이후 지금도 수많은 협동조합이 설립되고 있다. 우리나라에서 하루에 약 10개 이상의 협동조합이 설립된다고 생각해보자. 협동조합들 간 경쟁도 치열해질 수밖에 없다. 일반 기업체와 경쟁하는 것도 어려운 일인데, 동종 업종의 협동조합과 경쟁하는 것은 더 어려운 일이다. 단순히 고객을 빼어오기 위한 경쟁만 지속할 경우 협동조합의 이미지도 훼손될 뿐 아니라 지역 협동조합의 활동이 위축될 수 있다. 따라서 장기적으로 경쟁이 아닌, 협동조합 간 협력을 통해 새로운 협동조합의 비즈니스 영역을 만들어 가야 한다. 협동조합 간 협력과 함께 지역사회에서 협동조합의 역할을 강화함으로써 협동조합 고객 만족도를 높이는 전략이 필요하다. 법적으로 협동조합 네트워크 구축을 위해 협동조합연합회를 조직할 수 있도록 했으나 아직은 협동조합 네트워크 구축이 활발하지는 않다. 치열한 비즈니스의 세계에서 다른 협동조합을 경쟁상대로만 여긴다면 연대를 추구하는 협동조합의 가치는 손상되는 것이다. 이웃 협동조합들과 협력하는 방법들을 찾아야 한다.

지속가능한 사업을 위해서는 협동조합 플랫폼을 구축해서 서비스의 수요자와 공급자가 만날 수 있도록 하고 사업 연대가 이루어지도록 해야 한다. 동종 업종이라면 원료의 공동 구매와 공동 생산, 공동 기술개발과 기술 교류, 공동 브랜드의 사용과 마케팅 협력 등 다양한 수단들이 사용될 수 있다. 이종 협동조합이라면 기존 특별법에 의한 협동조합(농협, 신협, 생협 등)과의 사업 연대 등이 가능할 것이다. 실제 협동조합 사업장과 퀵 서비스 협동조합의 업무 제휴, 사회적 협동조합과 택시 협동조합의 업무 협력, 농협과 같은 생산자 협동조합과 생협과 같은 소비자 협동조합의 농산물 직거래 등을 이루는 것은 좋은 사례가 될 것이다. 이와 함께 협동조합 프랜차이즈 등 다양한 사업모델도 도입되고 있다.

이외에도 정부 기관과의 연대, 소상공인 사업자들과의 연대 등 다양한 협력을 통한 사업전략을 모색해볼 수 있을 것이다. 최근 협동조합의 비즈니스 전략에 대한 다양한 이론들이 정립되어 있어 협동조합 플랫폼 형성에 도움을 주고 있다.

마무리

협동조합을 처음 접하는 분들에게는 협동조합의 원리를 이해하고 각자의 상황에 적용시켜 볼 수 있도록 돕고자 하였다. 협동조합이 출발한 시대적 배경을 이해하면서 협동조합의 성장과정을 되돌아보는 것은 협동조합을 이해하는 출발점이라는 생각이다. 수세기 동안 수많은 선구자들이 만들어온 원칙과 가치를 생각해 보았으며, 초기의 협동조합들도 살펴보았다. 물론 시대가 변하면서 많은 논란과 함께 협동조합의 원칙들이 수정되어 왔다. 하지만 핵심원리는 변하지 않았다고 생각한다.

협동조합 관련 법의 구조와 협동조합의 여러 유형들도 살펴보았다. 시장경제 아래에서 협동조합이 작동하는 원리와 역할은 분명하게 나타나고 있다. 사회의 구조가 복잡해지고 협동조합의 영역도 확대되고 있으며, 다양한 유형의 협동조합이 생성, 발전하고 있다. 저마다 어려운 상황 속에서 고군분투하고 있는 협동조합들도 우리에게 많은 도전을 주고 있다.

협동조합이 지나온 길이 화려한 성공의 길만 있었던 것이 아니듯, 앞으로 협동조합이 만나게 될 상황들도 쉽지만은 않을 것이다. 협동조합을 바라보는 시각과 협동조합인들의 정체성에 대한 고민은 계속될 것이며, 풀어가야 할 과제들도 산적해 있다. 하지만 이러한 문제들을 해결하기 위해 많은 협동조합들이 고민하고 노력하고 있다. 협동조합의 재도약을 위해 협동조합 내·외부적인 논의와 도전을 계속해야 할 것이다. 특히 협동조합 간 연대가 필요하다. 자본조달뿐 아니라 사업에 대한 활발한 연대와 논의도 이루어져야 한다. 또한 정부 조직과의 관계에 대한 정리도 필요한 시점이다. 협동조합은 사회적 기업이나 시민단체와 같은 비영리조직이 아니라 영리행위를 할 수 있으며, 따라서 협동조합은 일반 비즈니스 조직으로의 독립성을 가지고 있다. 다만 영리 기업조직과 동일한 방식으로 자본을 조달하거나 펀드를 조성할 수 없으므로 협동조합 고유의 자본 조달 방식이 만들어져야 한다. 따라서 정부와의 관계 조성이 중요한데, 정부 자금이나 지원을 기대하는 것을 올바른 방식이 아니다. 자금조성을 위한 법적, 제도적 정비 등에 정부의 역할이 필요하지만 정부 자금이 직접 협동조합에 투입되는 것은 협동조합의 원칙에 어긋나는 방법이다.

사람 중심, 위기에 강한 협동조합!! 결국 조합원들의 참여와 관심으로 성장하며, 사회적 연대 강화와 협동조합 생태계 조성을 통해 도약할 것이라는 믿음과 함께 글을 맺는다.

주註

1) 레프 톨스토이 저, 연진희 역, 「안나 카레니나1권」, 민음사, pp. 195-196.

2) www.coop.go.kr, 한국사회적기업진흥원.

3) 우리나라는 협동조합 기본법이 제정되기 이전에는 특별법에 의해 협동조합이 설립되었다. 농업협동조합, 신용협동조합 등이 대표적이다.

4) 칼 마르크스 · 프리드리히 엥겔스 저, 조현수 역해, 「마르크스 선집」, 타임기획, 2007, p.31.

5) 앞의 책, p.33.

6) 결사체(結社體), 일정한 목적을 이루기 위하여 인위적으로 만들어진 사회 유형(조직), 맥 키버(R.M. MacIver)가 사회유형 분류에서 결사체와 공동체(community)로 나눈 데서 비롯됨. 계급, 기업체, 국가, 학교, 클럽, 경기단체, 학회, 노동조합 등이 여기에 속한다. 두산백과 참고.

7) 앞의 책, p. 66.

8) 슬라보예 지젝(Slavoj Zizek), 1949. 03. 21.- , 유고슬라비아 출생의 철학자이자 헤겔, 마르크스, 자크 라캉 정신분석학에 기반한 비판이론가. 현재 슬로베니아 류블랴나 대학교 사회학 연구소의 선임 연구원이며 유럽 대학원의 교수. 시카고대학교, 컬럼비아대학교, 런던대학교 등에서 교환교수로 재직. 류블랴나에 있는 이론정신분석학회의 의장. 위키백과(검색일 2017. 07. 03.).

9) 슬라보예 지젝 저, 주성우 옮김, 『멈춰라, 생각하라』, 와이즈베리, 2012, p. 6.

10) 중국 국가통계의 발표에 따르면 국중국의 경제성장률은 2010년 10.4%, 2011년 9.3%, 2012년 7.7%, 2013년 7.6%, 2014년 7.4%를 기록하였고, 2017년은 6.9%를 전망하고 있음.

11) 앞의 책, p. 109.

12) 최경수, 「한국청년실업률은 왜 상승하는가?」, 통권 제88호, KDI FOCUS, 2017. 12. 20.

13) 통계청, 「경제활동인구조사」, 각년도.

14) 통계청, OECD 고용률, 각년도.

15) 연합뉴스, 2015. 05. 27. 기사 참조.

16) 연합뉴스, 2015. 09. 17. 기사 참조.

17) 한국일보, 2015. 08. 12. 기사 참조.

18) 조기준 저, 『사회경제사』, 일신사, 1995.3. p. 285

19) 윤형근 저, 『선구자들-협동조합의 오래된 미래』, 그물코, 2013. 5, p. 13.

20) 윤형근 책, p. 14.

21) 러다이트운동(Luddite Movement). 1811-1817년 영국의 중부, 북부의 직물공업지대에서 일어났던 기계파괴운동. 정체 불명의 지도자 N.러드 라는 인물이 지도하여 운동이 조직적으로 전개되었기 때문에 러다이트 운동이라 하였다. 러드는 실존인물이 아니고 비밀조직에서 만들어낸 가공인물이었다. 두산백과사전.

22) 조기준 책, p. 311.

23) 앙시앵 레짐(Ancien Régime)은 1789년 프랑스 혁명 전의 절대 군주 정체를 가리키며, 구체제(舊體制)라고도 부른다. 앙리 4세부터 루이 16세에 이르는 17-18세기 부르봉왕가가 이 체제를 유지하였다.

24) 조기준 책, p. 313.

25) 요차이 벤클러 저, 이현주 옮김, 「펭귄과 리바이어던」, 반비, 2013, p. 21.

26) Robert Owen(1771-1858), 영국 웨일즈 뉴타운 태어남. 사회개혁가, 공장주, 발명가.

27) 「사회에 대한 새로운 견해, *A New View of Society ; Essays on the Principle of the Formation of the Human Character, and the Application of the Principle to practice*」, 성격형성론 이라는 부제가 붙음.

28) 정인영 외, 『협동조합론』, 농협중앙회, 2007, p. 17.

29) 1에이커(acre)는 4,047㎡. 2만 에이커는 8,093ha로 여의도면적(290ha)의 약 28배에 해당.

30) 윤형근 책, p. 36.

31) William King(1786-1865), 영국의 브라이튼의 의사이자 박애주의자. 협동조합 운동의 후원자로 알려짐. http;//en,wikipedia.org/william king.

32) 윤형근 책, p.71.

33) www.link4life.org/discover/local-history-online.

34) Hermann Shulze-Delitzsch(1808-1883), 변호사, 국회의원, 사회개혁가.

35) 윤형근 책, p. 189

36) Frederich Wilhelm Raiffeisen(1818-1888), 독일 프람멜스벨트(Flammersfeld)시장, 신용협동조합 창설자.

37) 출처 : http://www.sd-mc.de/gesch.html.

38) 출처 : https://en.wikipedia.org/wiki/Friedrich_Wilhelm_ Raiffeisen.

39) 장일순 저, 『나락 한 알 속의 우주』, 녹색평론사, 2009, p. 37.

40) 장일순 책, p. 61.

41) 장일순 책, pp.100-110.

42) 제공 : 무위당사람들.

43) 제공 : 무위당 사람들.

44) 정확한 명칭은 로치데일 공정선구자(Rochdale Equitable Pioneers Society) 조합이다. 영국 랭커셔주 중심도시인 로치데일 지방에서 1844년 12월 21일 처음 사업을 시작하여 현대적인 협동조합 운동의 탄생을 알렸다. 처음 창립에 참여한 28명의 조합원은 스스로를 개척자(Pioneers)로 불렀다. www.rochdalepioneersmuseum.coop.

45) George Jacob Holyoake(1817-1906), 영국협동조합의 아버지라 불리는 홀리요크는 평생을 자유와 사회개혁을 위해 헌신했다. 그는 노동자 출신이지만 로체데일 협동조합의 발자취를 상세하게 기록하여 〈데일리 뉴스〉에 연재함으로서 협동조합의 역사를 새롭게 썼다.

46) 조지 제이콥 홀리요크 저, 정광민 옮김, 『로치데일 공정선구자 협동조합』, 그물코, 2013. 12, p. 39.

47) 조지 제이콥 홀리요크 책, p. 44

48) 2017. 12. 31.일 기준 한화 약 1,500원.

49) 조지 제이콥 홀리요크 책, p. 48.

50) 로치데일 협동조합의 사업실적, 앞의 책, p. 98.

51) Claude Henri Saint-Simon(1760-1825), 프랑스 파리 출생, 사상가, 경제학자, 계몽주의 사상의 영향을 받으며 자랐으며, 공상적 사회주의자의 한 사람. 인류역사의 발전은 지배계급과 피지배계급의 갈등으로 발전하므로 양쪽이 협력, 지배하는 계획생산의 사회제도 건설을 주장함. (출처 위키백과 https://ko.wikipedia.org/wiki/)

52) François Marie Charles Fourier(1772-1837), 프랑스 브장송 출생, 사적 소유에 기반을 둔 협동생산 공동체인 팔랑쥬(Phalange)를 주장한 유토피아 사회주의자의 한 사람. (출처 위키백과 https://ko.wikipedia.org/wiki/)

53) 『협동조합론』, 농협중앙회 조사부, p. 22.

54) 일제의 관제조합은 1907년 금융조합, 1926년 산업조합, 1926년 농회를 조직하여 운영하였으며 1957년 농업협동조합법 제정과 더불어 폐지되었다.

55) 1957년 농협법에 의해 이동농협, 시군농협, 농협중앙회의 3단계, 일반농협, 원예농협, 축산협동조합, 특수농협 등 4종류의 농협을 구성하게 되었다.

56) 농협법에 따라 농협중앙회, 농협경제지주회사 및 농협금융지주회사(농협은행 및 농협보험 포함) 체제로 전환되었음.

57) 신자유주의: 경제학자인 프리드리히 폰 하이에크(Friedrich A. Hayek)(1899-1992)가 제시한 말로 경제에 대한 국가의 각종 개입을 철회하고 기업이 고용 · 해고 · 임금을 자유롭게 결정할 수 있게 하자는 것임. 특히 자본 이동에 대한 규제 철폐를 주장하여 기업의 수익성을 높이고 국가 간의 자유로운 통상이 가능하게 하였음.

58) ICA, *Cooperatives Principal for the 21st century*, 1995.

59) 조지 제이콥 홀리요크, p. 72.

60) http://ica.coop/en/whats-co-op/.

61) A.F. Laidlaw, 김동희 역, 『서기 2000년의 협동조합』, 한국협동조합연구소 출판부, p. 42.

62) 기획재정부, 「협동조합자료집」, 2012, p. 143 참고 재작성.

63) J. Birchall and L.H. Ketilson, 「*Resilience of the Cooperative Business Model in Times of Crisis*」, ILO, 박언희 역, 「경제위기와 협동조합 사업모형의 강점」, 『NHERI 리포트』, 제 84호, 농협경제연구소, 2009.

64) Kimberly A. Zeuli, *Cooperatives: principles and practices in the 21st century*.

65) 장하준 저, 『국가의 역할』, 출판사 부키, 2016.

66) 존스턴 버첼 저, 장승권 외 옮김, 『사람중심 비즈니스, 협동조합』, 한울아카데미, 2012.

67) 신기엽, 『시장경제와 협동조합』, CEO Focus 289, 2012.05.14.

68) 신기엽, 2012 수정.

69) J. Birchall and L.H. Ketilson, 2009.

70) World Co-perative Monitor 2017, www.monitor.coop.

71) 존스턴 버첼, 2012.

72) Develtere., 2008, 'Cooperative development in Africa to the 1990s'. in P. Develtere, I. Pollet, F. Wanyama, eda., Cooperating out of poverty ; The Renaissance of the African Cooperative Movement, ILO, Geneva.

73) sub prime mortgage loan: 비우량주택담보대출, 신용 등급이 낮은 저소득층을 대상으로 주택자금을 빌려주는 미국의 주택담보대출 상품. 미국의 주택담보대출상품은 일반 개인들의 신용등급에 따라 프라임, 알트-A, 서브프라임 등 3단계로 나눈다.

74) 존스턴 버첼 책, p. 17

75) 데이비드 에르달 저, 안진환 옮김, 「사장의 회사 vs 사원의 회사」, 레인메이커, 2013.

76) 기획재정부, 2012.

77) 협동조합 이해하기, 서울특별시 협동조합상담지원센터, 2015. 12.

78) 「2015년 협동조합 실태조사」, 기획재정부, 2015. 12.

79) A.F. Laidlaw 책.

80) OECD, "The Social Economy Building Inclusive Economics", 2007.

81) 요차이 벤클러 책, p. 9.

82) 한국택시협동조합연합회(www.coop-taxi.kr/union).

83) 우석훈 저, 「사회적 경제는 좌우를 넘는다」, 문예출판사, 2017.

84) 요차이 벤클러 책, p. 232.

위기에 강한 협·동·조·합

– 원칙과 과제 –

지은이 백승우, 김수현
펴낸이 이남호
펴낸곳 전북대학교출판문화원

초판 1쇄 인쇄 2018. 09. 10
초판 1쇄 발행 2018. 09. 14

전북대학교출판문화원 전라북도 전주시 완산구 어진길 32 (풍남동2가)
전화 (063) 219-5321~2
FAX (063) 219-5323
출판등록 2012년 8월 20일 제465-2012-000021호

값 12,000원

ISBN 979-11-87892-61-8 03320

이 도서의 국립중앙도서관 출판예정도서목록(CIP)은 서지정보유통지원시스템 홈페이지(http://seoji.nl.go.kr)와 국가자료공동목록시스템(http://www.nl.go.kr/kolisnet)에서 이용하실 수 있습니다. (CIP제어번호 : CIP2018027588)